幸福
文化

MBA保有の脳科学者が教える 年収1億円の人になる「強運脳」

有錢人必備的強運腦

——MBA腦科學家的改運生財筆記術

$$$

億萬收入投資家
上岡正明 著
林美琪 譯

前言

本書的主題是人人嚮往，但並非輕而易舉的「年收一億日圓」（約新台幣 2,075 萬元，以下不再重覆）。

為了實現這一目標，我將運用我的專業領域——大腦科學，打造一個可賺進年收的「強運腦」。

對我來說，這也是一個充滿挑戰的主題。

首先，關於「年收一億日圓」，我本人已經達標了，所以若只分享我的實際經驗並不算太難。但問題在於，如何將這些經驗，解說至人人都能做到的程度。

再說，將「大腦科學」這項專業領域融入其中，並創造出人人皆可重現的「強運腦」，沒有我期望的容易。

不過，稍後我也會在本文中提到，每個人面臨新的人生主題時，如果一開始就認為不可能而不去挑戰，將錯失寶貴的機會。而這個「機會」，正是讓自己比現在更進步的「轉機」。

一開始就認為不可能而無法邁出「第一步」的人，達成目標的可能性完全為「零」；反之，踏出第一步的人將獲得公平的可能性。在達成目標的過程中，或許我們會反覆經歷各種失敗，但改進失敗的過程中學到的經驗，卻能成為自己成長進步的養分。

因為我向來很積極投入新主題和新領域之中，所也也希望大家讀這本書時，不要認為「不可能」，而是積極挑戰「年收一億日圓」的目標。目標絕對可以達成。

如果沒有達成，請再一次閱讀本書。

然後，展開行動。行動，並且大量累積成功與失敗的經驗。如此日復一日，最終你將獲得無人能敵的技能。

目標越高，會讓挑戰者進步越多。

希望讀完本書的這一天，能成為各位的成長「紀念日」。

2023 年 2 月吉日 **上岡正明**

目錄

| 第 3 章 |

吸引強運的方法

|第 4 章|

將年薪最大化 & 創造副業收入

第1章

年收上億不是夢！

年收破億的
三大收入來源

只需寫在筆記本上，成功升級年收

本書的標題是「有錢人必備的強運腦」。

每當我提到自己年收超過一億日圓時，很多人會覺得：「太扯啦！就跟癡人說夢一樣！」

確實，年收一億日圓是相當高的目標，但並非不可能。我也是經歷許多困難和挫折後，才達到年收一億日圓的目標。

所以，我將在書中介紹我實現這個目標的方法。

或許很多人會覺得這需要非常困難的技術和技能，但其實方法很簡單。

首先，手上已經有這本書的人，**請準備一本全新的筆記本，並寫下「目標：年收一億日圓」【圖 1】**。今天之內完成這個步驟的人，等同於踏出數年後或數十年後，實現理想年收的第一步了。

圖1　寫在筆記本上，自我預言理想的年收

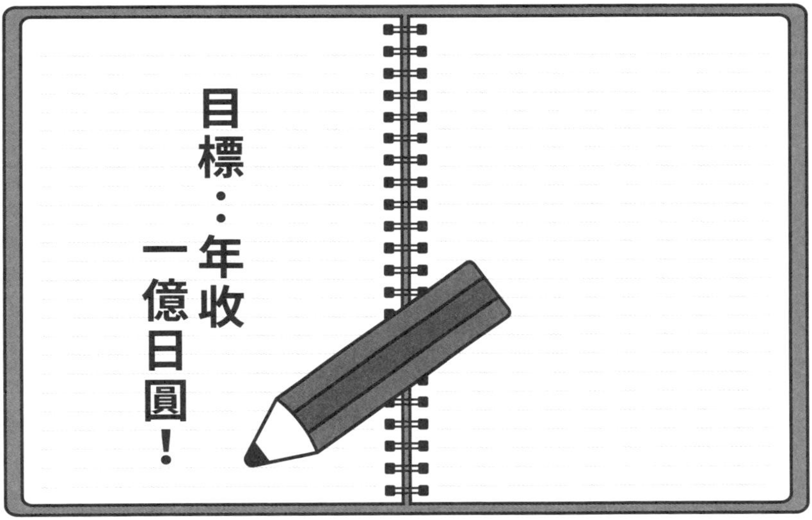

圖2　年收上億的三大收入管道

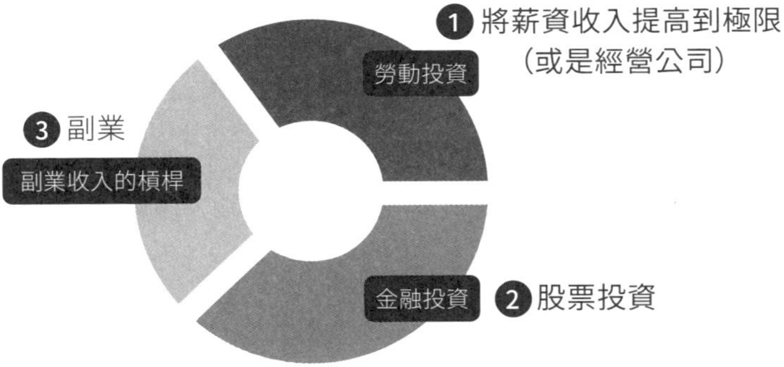

但是，認為：「既然只要寫下目標就能實現，那我直接躺平囉！」或認為：「只要寫在筆記本上就能達標，那等有空再寫吧！」等理由，**而不趕快完成「在筆記本上寫下目標」這個簡單的動作，那麼很遺憾，這些人將難以實現年收一億日圓的目標。**

因為他們尚未邁出實現年收一億日圓的「第一步」。

為什麼只要寫下目標便能實現？這一點我後面會詳細說明原因。

在這個階段，也許有人一看到「只要寫在筆記本上，就能實現年收一億日圓」，便誤以為這是某種迷信或宗教的宣傳廣告，所以我先簡單介紹一下，如何真正實現年收一億日圓的方法。

單靠薪水，不可能達成財富自由

根據我的經驗，「光憑」普通上班族的薪水，要達到年收一億日圓是不可能的任務。

如果你認真想達到年收一億日圓的目標，最務實的做法是尋找結合以下三種收入的途徑**【圖 2】**。

①將薪資收入提高到極限（或是經營公司）＝勞動投資
②股票投資＝金融投資
③副業＝收入的槓桿

關於①，領薪水的人應該都明白，能賺到年收一億日圓的上班族根本少之又少。

因此，不要想光憑薪水來實現一億日圓，而是將年薪目標定在三千萬日圓左右（約新台幣 670 萬元）。

不過，成為經營者就另當別論了。

在日本的上市企業中，許多社長僅靠董事薪酬和股息，就能超過年收一億日圓。例如，據說軟銀集團（SoftBank Group Corp.）的孫正義會長僅靠董事薪酬和股息，就能獲得大約二百億日圓的年收。

即使規模不如軟銀那麼大，在資本額十億日圓的公司，董事薪酬加股息的年收總額達到三千萬至五千萬日圓並非不可能。換句話說，未來創業，擁有自己的公司才是大幅提年收的捷徑。

下一個收入途徑是②股票投資。這是一種持續工作，也能獲得的重要收入來源。

未來，日本也會像美國一樣，透過投資來增加資產將成為常態。把錢存入銀行，每年的利息只有 0．01％，但是，如果利用「NISA 制度」來投資股票或基金等金融商品，獲得年報酬率 4% 的收益並不困難。

如右頁的**【圖 3】**所示，以年化報酬率 4% 計算，每月投資十萬日圓，大約十三年後資產可達二千萬日圓。

當然，這與年收一億日圓的目標還相去甚遠。股票投資需要所謂的「錢母」作為本金。

本金為零的話，要達到一億日圓相當困難，但如果有二千萬日圓的本金，要增值五倍達到一億日圓並非難事。而這種資產運用應盡早開始。

剛好 2024 年，日本的 NISA（編按：一般散戶的小額免稅投資制度，但有設定免稅上限）新制上路了。關於 NISA 新制，稍後我會再詳細解說，簡單來說，從前在日本投資股票或基金來進行資產運用時，通常獲利部分（包括股息）會被課稅 20％，但這項制度能免除這個稅額。

圖3 投資的效果

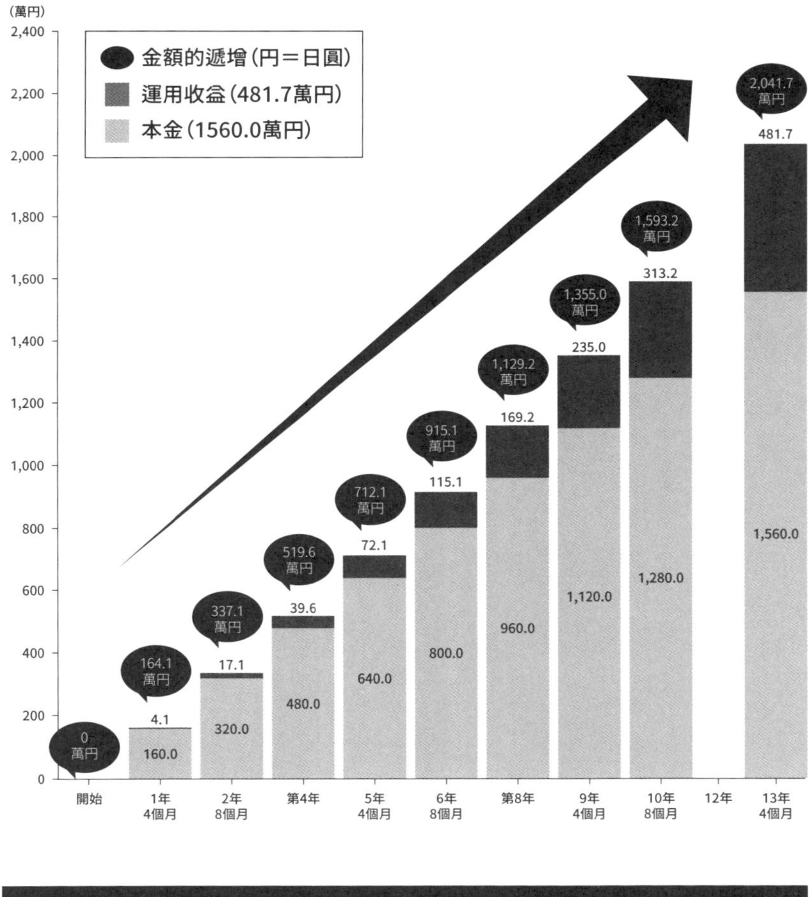

每月投資10萬日圓，13年後變成2000萬日圓

依日本金融廳「資產運用模擬」公式計算（預期年報酬率4%）

例如，投資獲利一百萬日圓，如果不用 NISA，會被課稅二十萬日圓，只剩下八十萬日圓進帳。若使用 NISA，則可獲得全額一百萬日圓的獲利。

既然要開始投資股票，哪有不善用 NISA 新制的道理？請趕快到證券公司開設新 NISA 帳戶，開始進行資產運用（編按：年滿 18 歲、居住在日本國內、持有 My Number 的外國人亦可以開設 NISA 帳戶），我會在全書末的附錄進一步說明，各位閱讀後再行動也不遲。

「年收一億日圓」的目標，僅靠這兩種收入就有可能實現，即「提高薪資收入」和「投資股票賺錢」。

可是，薪資收入提高需要相對應的技能提升。股票投資也要在學習投資知識後才能進行。尤其是股票，投資成功能增加收入，但投資失敗也可能造成損失，新手不宜貿然嘗試。

因此，我要提出第三種收入途徑——副業。

具體來說，我的副業是利用 YouTube 發布影片。

YouTube 的收入取決於訂閱人數和觀看次數，如果善用廣告置入機制，有五萬訂閱者的話，每個月可獲利大約一百萬日圓（約新台幣 21 萬元），年收可達一千萬日圓。這類副業收入是達成目標年收的重要支柱。

結合以上三種收入來源，就有可能實現年收一億日圓的目標。

設立目標更容易實現

年收一億日圓的具體達成途徑是存在的，但仍有許多人認為「根本不可能」。

別認為不可能，請先設立年收一億日圓的目標吧。就算最後沒能達標，只要能達到目標的七到八成，也有年收入七、八千萬日圓的成果。

不過，要是顧及實現的可能性，而將目標設定在年收入一千萬日圓左右，那麼最終的年收入很可能頂多只有七、八百萬日圓而已。

如果是你，會選擇哪一個？是設定一個大目標，即使出現一些失誤也能獲得較大的利益？還是一開始就為了顧及實現的可能性，設定一個較為保守的目標呢？

以我而言，設定小目標並不能讓我感到興奮。年收一千萬日圓，確實比一般上班族的平均年收高，但這個目標只要持續努力就能在退休前達成。

反觀年收一億日圓，這個金額能讓你完成更多夢想。

簡單來說，你可以擁有自己的房子和車子，還可以用這筆錢當作資金，進一步增加你的資產。

稍後我會詳細解釋，這裡要強調的是，針對目標的興奮感能刺激你的大腦，進而提升你的動機和行動力，成為具體實現的推進器。

改寫大腦的「故事」

以「提前慶祝」來吸引強運

本書的另一個主題是「強運」。

許多人認為，要達到年收一億日圓，如果沒有相當的強運——運勢強旺——是不可能的。而且，大多數人不認為自己擁有如此的強運，因為他們認為運氣是上天賜予的，無法透過後天努力獲得。

有人的確是因為強運而獲得成功。舉個明顯的例子，微軟公司的創辦人比爾・蓋茲就是如此。

比爾・蓋茲正因為出生在富裕的家庭，因而能夠進入私立名校就讀。

五十年前，比爾・蓋茲就讀的這間學校，已經使用電腦進行教學了。他對電腦和程式設計的興趣，乃至於後來創立微軟公司，都與這段學生時代的經歷不無關係。

另外，他的母親認識 IBM 的董事長，也是他的強運。微軟公司的迅速崛起，以及在業界的壓倒性地位，正是因為有這樣的人脈背景，這是能力再強的商人也難以模仿的。

或許很多人看完上述例子，會認為自己沒有這種強運，更加覺得成功無望了。

然而，事實並非如此。從腦科學的角度來看，強運是可以自己吸引過來的。

那麼，如何吸引強運呢？首先，要堅信自己就是強運之人。

換句話說，自我暗示。有一個更容易明白的說法：**提前慶祝法則**。

方法是將自己想做的事，或者想前進的方向說出口，而且彷彿已經達成般、提前慶祝。

欺騙大腦，植入不一樣的故事

其實，日本自古以來便有「預祝」的習俗。這是一種巫術活動，農民為祈求豐收，提前模擬一年中的農事與秋天大豐收儀式。舉行這種預祝活動，是因為有傳說認為，提前模擬期望中的結果就能美夢成真。

這樣的習俗不能簡單以「迷信」來帶過。事實上，這種習俗之所以能長久沿襲下來，就是因為「預祝」確實能發揮一定的效果。

如果預祝多年都達不到預期的結果，這種習俗早就消失於歷史中了。

從大腦科學的角度來看，當人類的大腦被事先輸入結果時，它會彷彿獲得暗示般，自動建構出朝目標前進的行動模式與過程。

人類的大腦很容易產生錯覺。
大腦經常無法區分現實與非現實。

「繆勒萊耶錯覺」（Müller-Lyer illusion）和「龐佐錯覺」（Ponzo Illusion）就是明顯的例子**【圖 4】**。前者的直線長度及後者兩個方形大小明明完全相同，看起來卻不一樣。這是因為大腦的先入為主觀念影響了視覺和判斷力，使相同的東西看起來不同。

以龐佐錯覺圖為例，由於上下兩條斜線形成一個深度，因此左側的方形顯得比較大。這兩個方形其實大小相同，但左側方形之所以顯得比較大，是因為深度感，讓大腦自動判斷位於遠端的左側方形比較大。

大腦會像這樣自動產生錯覺。換句話說，大腦總是在創造「故事」，並根據這些故事，來控制人類的感覺與行為。

原本的機制是，人類透過視覺、聽覺等感官獲得訊息後，將這些訊息傳送到大腦的高階功能區域，大腦則依據這些訊息進行判斷。

再打個比方吧，你眼前有個紅色的番茄，眼球捕捉到的紅色番茄影像會傳送到大腦的高階功能區域，然後你會認知到那是一個番茄。

圖4　繆勒萊耶錯覺（上）與龐佐錯覺（下）

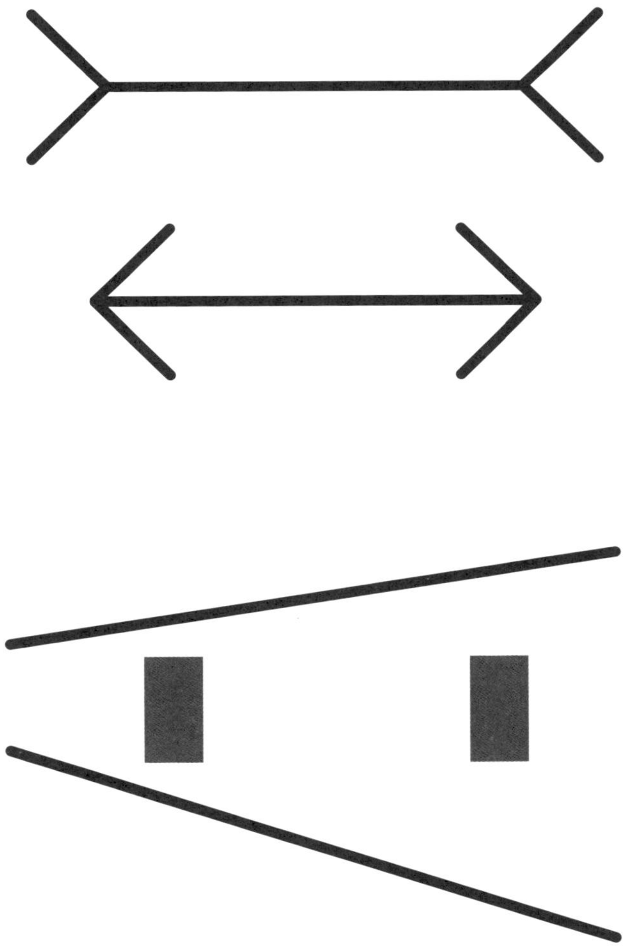

隨著你一生中多次看到番茄，番茄這個概念會被深深烙印在大腦的記憶中。此後，每當你看到番茄，便會自然地認知那是「紅色的番茄」，而且知道它的「味道」。

日常生活也是如此。每天早上出門上班時，你打開家門，看到熟悉的街景，然後像往常一樣走路到車站。

每天都重複這個過程後，你甚至在打開家門之前，腦海中便已浮現出家門前的街道景象了。

大腦就是這樣創造出日常的「故事」，人類再根據這些故事採取行動。為什麼會這樣呢？這是因為「改變故事」對大腦來說是一種負擔。

換句話說，大腦不太願意改變已經編好的故事。

當然，天氣陰晴與否，有時會改變眼前的風景。

但基本影像並沒改變，故大腦只需修正晴天和雨天的差異即可，仍會將它們視為相同的記憶。

然而，如果眼前有個黃色的番茄，或者你比平時早起，打開家門上班所看到的日常風景不一樣時，大腦就必須重新編寫原有的故事。

家門外的日常風景於眼前展開……

從第二天開始，新的風景會成為日常故事的一部分，並記錄在大腦中。或者，即便大腦不會認定番茄就是黃色的，也會知道世上存在著黃色番茄這件事。

如此，大腦不斷地創造出日常的故事，人類則根據這些故事過生活。

讓我們回到「提前慶祝法則」吧。舉例來說，如果你的目標是年收一億日圓，你就要欺騙大腦，讓它產生這個目標已經達成的錯覺。

不要還沒開始就認為不可能，即便花上十年、二十年也無妨，請想像自己已經達成年收一億日圓的目標，然後提前慶祝這項成就【圖 5】。

說「慶祝」或許太誇張，但只需想像幾年後成為富豪的自己，並假裝這個故事已經成為現實，言行舉止都像已經達成目標那樣即可。

不斷重複執行之間，這些言行舉止都能成為伴隨自己的現實，然後某一天，讓這個「提前慶祝」落實成真。

如何？非常簡單吧。

圖5 「提前慶祝」自己將成爲億萬富豪

那麼，為什麼這麼簡單卻做不到呢？因為99％的人往往膽怯到不敢行動，不敢跨出第一步。反過來說，「跨出第一步」至關重要，只要跨出第一步，就容易帶出下一步了。

「提前慶祝」就是在幫助你跨出第一步。在腦海中創造一個故事，想像未來的自己是故事的主角，並朝著這個目標行動；過程中，這些行動自然會幫助你美夢成真。

如果你想達到年收一億日圓，請先慶祝自己已經達成目標，這樣你就跨出第一步了。接下來，改變現狀，改變未來。這是掌握成功的關鍵。

這是每個人都能做到的事，更何況，提前慶祝成功能夠有力地招來強運。

以自我暗示，去除固有觀念

「提前慶祝」是一種自我催眠或自我洗腦的方式。我曾聽某位催眠老師講過一個有趣的故事。

以催眠術來說，越是想要控制或洗腦對方，對方就越不容易被催眠。施展催眠術的關鍵，不在於將意圖強加在對方身上，而在於先讓對方放鬆，從對方的大腦中「去除」多餘的緊張和疑慮。

想想看，我們在電視上看到的催眠術，催眠師都會先說：「請不要用力，讓全身放輕鬆。」這樣做才能去除對方的固有觀念、對催眠術的猜疑，從而注入新的暗示。

關鍵點在於「去除」。

「去除」這個動作，對於接納新的事物非常重要。

比方說，聲樂家需要用腹式呼吸法來吸入大量空氣（氧氣），並用這些空氣來發聲，但一開始就吸入大量空氣是不可能的。

為了吸入更多空氣，必須先排出肺臟中的空氣（二氧化碳）。

正如「呼吸」一詞所示，呼吸的「呼」先於「吸」，意即先「吐氣」（呼氣即吐氣），再吸氣。當肺臟中的舊空氣排出後，新空氣才能進入。

同樣地，如果設定年收一億日圓為目標，就要先去除固有觀念、常識，以及對金錢的心理障礙。

也就是將這些觀念全部排出大腦。同時，也要拋棄「我不可能達到年收一億日圓」的想法。這樣一來，年收一億日圓的目標才能被順利接受。

人們在追求遠大的目標時，往往會被自身積累的知識和經驗所阻礙。從小到大的經歷塑造出我們的性格，但這些經歷有時會成為設定新目標的障礙。

以「年收一億日圓」為例，自認家境不富裕、學歷不高，或者沒有才能等，這些過往經驗造成的自我認定，都會進一步限縮我們的潛力。

因此，當提出年收一億日圓的目標時，許多人會打從一開始就認定不可能，無法邁出第一步。為了達成這一目標，必須先去除這些固有觀念。

正如**【圖 6】**所示，裝滿水的杯子無法再裝進更多水。只有倒掉一些水，才能裝進新的水。同理，去除現有的觀念後，才能為新的目標騰出空間。

圖6 不拋棄固有觀念，就不能裝入新的知識

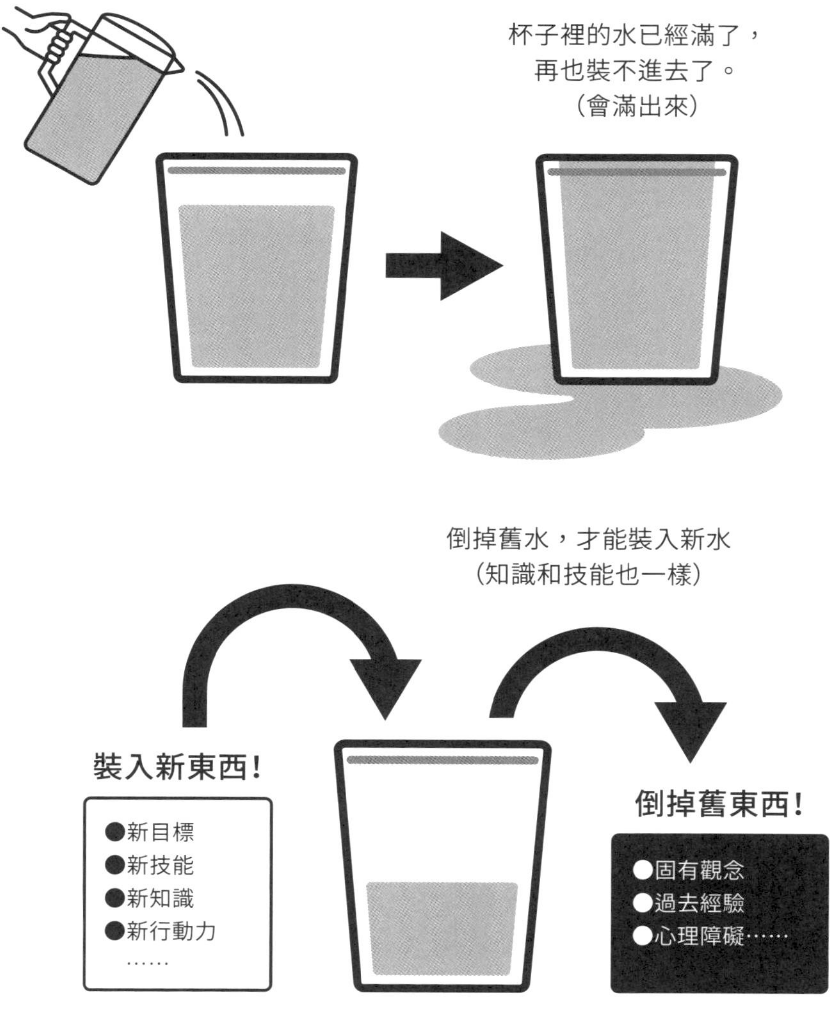

追求年收一億日圓的你，現在必須拋棄的是心理障礙和固有觀念。認為自己無法達到年收一億日圓的觀念會變為緊箍咒，使你無法行動，甚至無法邁出第一步。

不買樂透的話，中獎機率是零。同樣地，不邁出第一步，年收一億日圓將永遠是遙不可及的目標。

但凡成功人士必定都在某個時刻，打破了心理障礙邁出「第一步」。

例如，前面提到的軟銀集團會長孫正義，他在十六歲高中時期獨自赴美。

根據《安本孫正義傳》（あんぽん孫正義伝，佐野真一著，小學館出版）這本描述孫正義前半生的書，孫正義赴美的原因是，他當時想成為日本教師，但因為是韓國籍而無法實現。

他對當時的班導說：「即便我是韓國籍，但如果我是美國大學畢業的，或許日本人就會肯定我。」於是，他在同學們的送別下，獨自前往美國。

一年半後，他參加大學入學考試後順利入學，並在三年級時轉入加州大學柏克萊分校，隨後開發並銷售一款自動翻譯機，開啟今日的非凡成就。他的許多傳記中都提過這段故事。

比起孫正義踏出的「第一步」，我們邁向新目標的「第一步」簡單多了。你只需要準備一本新的筆記本，在首頁寫下「目標：年收一億日圓」即可。

為什麼只要寫在筆記本上就能達成目標？

從下一章起，我將具體說明這個過程。這本筆記本將成為你的「魔法筆記本」，不僅幫助你達成年收一億日圓的目標，如果達標後仍繼續使用，將讓你的人生更加充實。在達成年收一億日圓的過程中，你將透過這本「魔法筆記本」不斷成長進步。

因此，請你暫時擱下本書，去買一本新的筆記本。去附近的文具店或便利商店都可以。

沒必要挑選高級昂貴的筆記本。我推薦使用「**方格紙筆記本**」，因為它便於繪圖和整理，詳情請見下一章的說明。

第2章

第一步，從手寫筆記開始

上岡流筆記活用術，親手寫下目標

不用鍵盤打字，要用「手寫」

這一章，我將具體說明為什麼只需在筆記本上寫下目標，就能美夢成真。

首先，為什麼要「手寫」呢？手寫具有重要的意義。如果不寫下來而光是在腦中想想，很容易就忘記了。

此外，手寫還能夠刺激大腦。

當你手寫時，你必須從自己的記憶中提取內容。大家都知道，主司記憶的是大腦的海馬迴，所以要善用利用這個部位。接著，將提取的記憶進一步組織成文章的部位，則是大腦的前額葉。

光是組織文章就能調動大腦的許多個部位，如果再加上手寫，就要從大腦向手臂和手指發送指令，以調整字的大小、粗細和字形的平衡等。

經常有人問：「如果只是記錄自己的想法，用電腦打字不就好了？」但是，用電腦鍵盤輸入的話，不會像手寫那樣動用到大腦的各個部位。有一種說法是，用鍵盤輸入時所進行的手指動作只有八種，但實際手寫時進行的手指動作則超過一萬種。

透過手寫，你的目標和實現目標的行動，將會鮮明地成為大腦記憶，進而不斷激發出新的行動。

寫下後，列出待實現的課題與解方

在筆記本上手寫出「目標：年收一億日圓」後，接下來會詳細說明如何使用這本筆記本，以及具體來說該做些什麼。

我從二十歲開始使用這種「手寫筆記本」，已經持續了二十多年，早已養成習慣。**多虧這本手寫筆記本，我才能達成年收一億日圓的目標**。而且，我並非唯一。

只要到 Google 搜尋「手寫筆記本達成目標」，或者從 YouTube 頻道上搜尋相關影片，你一定會發現有很多類似的成功經驗。

本書則要介紹我自創的「上岡流筆記活用術」。

首先，在筆記本上寫下「年收一億日圓」的目標。這是終極目標，最好能再設定一個幾歲達成目標的具體「期限」。比方說，如果你今年是三十五歲，可以設定在十年後的四十五歲達成。

設定好終極目標後，接著從目標逆推，設定階段性目標。例如，四十三歲前擁有自己的公司，四十歲前透過股票投資等累積五千萬日圓的資產，三十七歲前透過股票投資和副業存下一千萬日圓，為了達成這些目標，從今天開始學習股票投資和副業相關技能等，「逆推」出這些「目標年表」，並且一一寫在筆記本上。

接著，寫下為達成每個階段性目標所需解決的課題，我稱之為「達成人生目標的策略地圖（設計圖）」。

我會在週末下午找出一段空檔，一個人在咖啡館邊喝咖啡邊寫這些筆記，這個習慣已經持續二十年了。這樣做了以後，各種實現目標的想法便會自然湧現出來。

可能有人會擔心筆記本裡必須寫出很複雜、很困難的策略才行，其實剛開始，只要以「塗鴉的感覺」寫下任何想到的事情即可。

不過，寫一堆與目標無關的內容毫無意義，如果你一時想不到該寫什麼，請參考我在前面介紹過的「達成年收一億日圓的三種收入來源」，然後寫下相關的想法。

接下來，我重新把達成年收一億日圓的三種收入途徑整理成下以三點：

①將薪資收入提高到極限（或經營公司）＝勞動投資
②股票投資＝金融投資
③副業＝收入的槓桿

這三種途徑並沒有嚴格的先後順序。例如，你想開始股票投資的話，就把這個想法寫在筆記本上。

如果你是投資新手，應該先學習什麼是股票投資，以及如何賺錢吧。

我會在第 3 章詳細介紹學習方法，現在先寫下你自認能夠輕鬆完成的方法。你可以觀看十部投資理財相關的 YouTube 影片，或者閱讀十本投資入門書籍，也可以請教有股票投資經驗的同事**【圖 7】**。

在筆記本上寫下你的想法後，你會發現新的課題，開始思考解決這些課題的方法，然後**把這些方法轉化為具體行動**。

當隨意寫在筆記本上的內容轉化為行動時，你就已經邁出了「第一步」。而這個小小的第一步會促成下一步，成為你達成目標的推動力。

圖7 寫出關於投資股票的想法

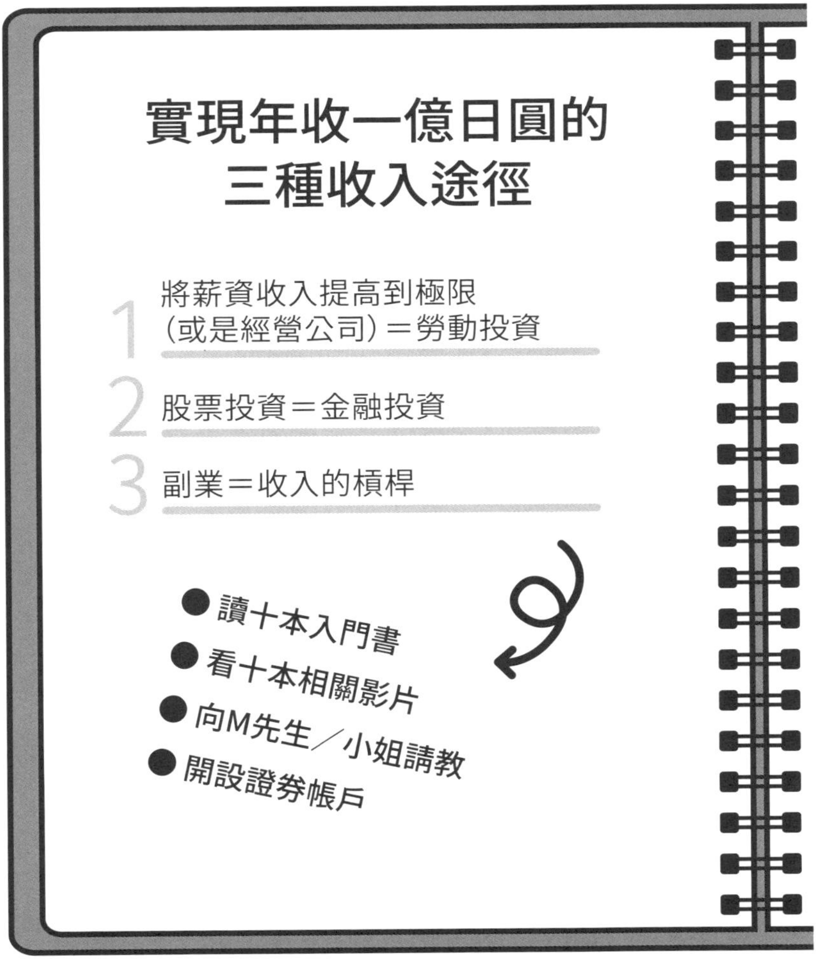
實現年收一億日圓的
三種收入途徑
1 將薪資收入提高到極限
(或是經營公司)＝勞動投資
2 股票投資＝金融投資
3 副業＝收入的槓桿
● 讀十本入門書
● 看十本相關影片
● 向M先生／小姐請教
● 開設證券帳戶

越挫越勇，終成富豪

接續剛剛的股票投資話題，當你閱讀相關書籍和看過許多相關影片，獲得一定程度的知識後，下一步就是趕快去開設證券帳戶，開始投資股票。請一併將這些過程寫進筆記本中。

開始投資後，你可能會有所謂的「新手好運道」而馬上賺到錢，但通常難免經歷失敗和虧損。

這種挫折是每個投資人都會經歷到的，正如我後面將提到的那樣，失敗是成長的養分。我甚至認為，初期經歷多次失敗是件好事。

將這些失敗經驗都寫進筆記本吧，最好再加上自己對失敗原因的分析。這樣一來，你會開始思考如何避免重蹈覆轍，從中學習到新的知識。

當記錄在筆記本上的內容轉化為實際行動後，行動會再帶來新的挑戰。而為了解決這些挑戰，你必得進行新的學習，從而累積各種知識和經驗。

這是通往成功的關鍵法則。如果你能反覆持續十年，你必定能成為專家、一位光靠投資就能賺進龐大資產的富豪。

致勝訣竅，回顧你的一天

基本上，手寫筆記本裡寫什麼都可以。

舉例來說，一天結束時，回顧當天發生的事情，並在筆記本上記錄反省內容。這樣持續下來，日後早上起床時，你自然會去想像一天結束時的情景。

比如「今天這項工作沒能完成，原因是事前準備不足」、「今天發的 YouTube 影片，如果這樣講解，觀眾會更容易理解」……，你可以在一天結束時，將這樣的反省寫在筆記本上，久而久之，你就能事先想像到這些內容。

換句話說，你可以從一天結束前的反省，預測到當天該反省的重點風險或改善之處，然後逆推出應該如何行動。

你會培養一種事前預測出採取哪些行動會帶來失敗的能力。我稱之為「致勝的回顧能力」。

利用這種能力，你可以提前避免即將發生的失敗風險。

如果你覺得每天寫反省記錄太辛苦，也可以到週末再做整週的反省。這麼做一樣可以提前預測下一週的反省重點，採取改善措施。

一旦養成這個習慣，你就不會再拖拖拉拉、渾渾噩噩地工作，而能確保下一週取得更好的成果。

採取「切入點快速循環法」

透過親手筆記本，可以引發你的行動，我認為要達成目標這個「行動」至關重要。

瞻前顧後的人，往往很難付諸行動。特別是要求完美的人，會仔細思考，做好充足準備才行動，以至於從事前準備到展開行動之間，會花掉太多時間。

這是因為要求完美會導致過度謹慎怕出錯，結果就是行動遲緩。

然而，**你不展開行動，就永遠無法成長**。行動會帶來成果，包括失敗在內。你可以檢討失敗原因，加以改進，轉化為下一步行動的啟示。

從這個角度來看，失敗也是邁向成功的重要成果之一。只要失敗不造成致命傷害，你就可以一再重來。

相反地，如果你認為「絕不能失敗」，或者「一開始就要締造超乎預期的成果」，你的大腦會因壓力而做出膽怯和消極的判斷。

行動也可以說是一種「輸出」（output）。從腦科學的角度來看，為了提高成功機率，首先要將輸出量予以最大化，才能更有效地收集數據，幫助我們更接近目標。

所以唯有「先行動」，才能從大量的輸出中收集數據，為下一步行動做準備。

具體而言，就是不斷進行下面六個行動：①調查競爭對手→②決定最初的切入點→③模仿行動→④檢討行動→⑤決定下一個切入點→⑥原創行動。我將這個循環稱為「切入點快速循環法」【圖 8】。

以我的經驗來說，作為一名商業線 YouTuber，我算是出道很晚的。為什麼我這種既非電視名人，也非社交媒體網紅的「拍片素人」，能成為訂閱數超過二十四萬人的 YouTuber ？

因為，比起質我更追求「量」。

讓我用「切入點快速循環法」來說明吧。

首先，①**調查競爭對手**：開設頻道時，仔細研究其他領域成功先驅者的影片。②**決定最初的切入點**：從上傳與①競爭對手相同的影片開始。

儘管我最初只是當成測試，如今回想起來，那樣的內容實在很糟。但換個角度想，由於訂閱數只有幾十人，我才得以放膽地繼續測試。

然後，③**模仿行動**：根據觀眾的反應進行檢討，再次與擁有大量訂閱者的頻道互相比較，填補不足之處。

④**檢討行動**：具體地比較主題、講話節奏、影片長度、資料的易懂性、縮圖設計、表情等各面的影響。

此外，根據平台提供給頻道主的數據，檢討觀眾會在哪些點上感到厭倦而離開，將這些心得應用於下一支影片。大約發布三十支影片後，我做了大幅度的路線調整，這個步驟就是⑤**決定下一個切入點**。

圖8　切入點快速循環法

以開漢堡店為例
1
調查競爭對手
分析其他店家的價格、菜單
2
決定最初的切入點
參考其他店家，設定便宜的菜單
其他店家比較便宜呢
3
模仿行動
模仿其他店家的做法
4
檢討行動
檢討並比較業績數據
5
決定下一個切入點
調整成高價路線
要做出差異化，就要走高價路線！
6
原創行動
開發高級昂貴的漢堡
再次返回
不要擬定計畫！

最後，**⑥原創行動：**我徹底改變影片的主題。之前主要是關於時間管理術和筆記術等商管類主題，最後將主軸改成「理財」。

原因是，在三十支影片中，觀看人最高的是「賺取年收一億日圓的訣竅」和「把錢變多的方法」等主題，這也是檢討過去數據所得出的結果。

此外，當時商業類頻道處於群雄割據狀態，很多頻道主是知名企業家，節目實力不可小覷，而談錢的頻道競爭對手還不多，我認為是一個值得發展的目標。

於是，我回頭研究類似領域的成功者，全力拍攝與金錢相關的影片**【圖 9】**。

這時，為了避免觀眾混淆，我刪除了過去拍的三十支影片。畢竟這些影片只是為了獲取經驗的試金石，所以我不後悔全部刪掉。

經過多次修正，雖然大幅偏離最初的目標，但我的訂閱人數不到一年，便達到了十萬人。

圖9 將頻道主題定調為理財

順帶一提，即使我的頻道目前訂閱數超過二十四萬人，我仍在持續運行「①調查競爭對手→②決定最初的切入點→③模仿行動→④檢討行動→⑤決定下一個切入點→⑥原創行動」這個循環。

銷售應用：選擇難以企及的對手

這個「切入點快速循環法」的最大優點是，將計畫（P）→行動（D）的時間縮至最短，從而更能專注於「行動」。

商場上常將假設和驗證過程稱作 PDCA 循環（計畫、行動、檢討、改善），但只要極力省下 P（計畫）的部分，便能迅速進入 D（行動）。藉由增加行動的「量」，足以讓你與周圍建立起壓倒性的差距**【圖 10】**。

這個「切入點快速循環法」可以應用於經營、工作、興趣、運動等各個領域。

以銷售工作為例：

首先是**①調查競爭對手**。對象可以是同事，但最好是調查研究銷售業績排名第一的前輩。

更進一步說，「競爭對手」應設定為目前你無法企及的高水準人物。不一定要是現實中存在的人物，書中出現的傳奇銷售員等「虛擬競爭對手」也行。設定高目標的競爭對手可以提升自己的動力。

設定出競爭對手後，就從模仿該競爭對手的行動開始，決定**②最初的切入點**。然後檢討銷售成果，思考與競爭對手相比差在哪裡，並彌補這些不足（③）。

找到具體的課題和改善之處後（④），再決定下一個切入點（⑤），然後進入原創行動（⑥）。從模仿競爭對手的行動

圖10　快速改善工作品質的PDCA循環

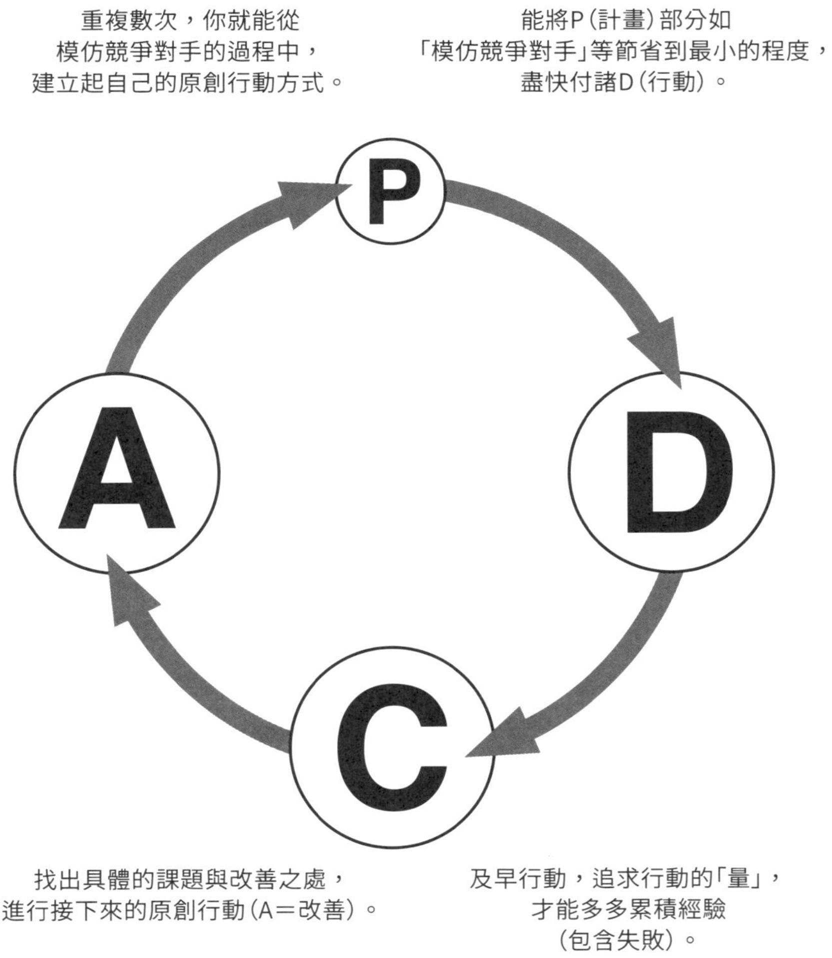
重複數次，你就能從
模仿競爭對手的過程中，
建立起自己的原創行動方式。
能將P（計畫）部分如
「模仿競爭對手」等節省到最小的程度，
盡快付諸D（行動）。
P
D
A
C
找出具體的課題與改善之處，
進行接下來的原創行動（A＝改善）。
及早行動，追求行動的「量」，
才能多多累積經驗
（包含失敗）。

中獲得一些心得後，根據這些心得開發出自己獨有的銷售方法。

這個「切入點快速循環法」，不只是我達成年收一億日元的個人經驗。我研究過許多比我更成功的人，如上市公司老闆和一流的資產家等，這些研究數據都能應證這個方法。

今後，這個「切入點快速循環法」將成為你成功的重要武器，請你務必學會它、掌握它。

學習之初，你這可以將「**①調查競爭對手→②決定最初的切入點→③模仿行動→④檢討行動→⑤決定下一個切入點→⑥原創行動**」的循環寫在筆記本上。

總之，請隨身攜帶一本筆記本，當作什麼都能寫進去的萬用手帳，甚至當成「塗鴉本」都無妨。因為愛寫什麼就寫什麼的輕鬆自在感，能夠激發出自由的創意。

輸入與輸出的比例爲 1:9

透過「切入點快速循環法」來增加輸出量，最終也能吸引本書的另一個主題——強運。

偶然的機遇或幸運的契機，其實並非單純的「偶然」或「運氣」，而是你讓自己身處於充滿機會的環境中。

假如你只買一張樂透就中了一億日圓，那確實是運氣好。但如果每次買一千張或一萬張樂透，那麼中一億日圓的機率將遠高於只買一張。

其實樂透不是單靠機率論就能中獎。不過，現實中的成功人士都是憑藉大量類似「買樂透或抽籤」的行動，才得到滿手好運。也就是說，輸出量、產出量越多的人，成功的可能性越大。

再怎麼努力學習，如果不能應用到實務中也是枉然。如果最後學習到的知識利用價值很低，那麼再努力也無法取得成果。

因此，將日常工作的課題及解決方案寫在筆記本上，找出應當採取的行動後，及早付諸行動來增加輸出量，這點十分重要。

我認為輸入（input）與輸出（output）的比例應該是 1:9。與其充分學習各種知識，做好萬全準備再行動，不如學習能馬上應用於現場的技能，邊學邊輸出，以實際行動來招好運。

比方說，想成為 YouTuber 的話，與其透過閱讀書籍，或者去上專門的學校學習編輯技術後才開始，不如先上傳影片，實際觀察現場需要什麼、不足什麼，才是成功的捷徑。

換言之，比起學習，實踐更加重要。在實踐中獲得的技能，遠比從書本或學校中學到的更有用。

把學習當作補充不足之處的手段就好。各位必須明白，只重過程而不看結果，在現實社會中根本毫無用處。

關於吸引強運的方法，會在第 3 章進一步詳述。

手寫筆記本應用篇

高手使用的兩種筆記本

為了達成年收一億日圓的目標，要先要親手寫下目標、每天瀏覽，自由地添加自己的想法，然後付諸行動。透過不斷行動來增加輸出量，並運用「切入點快速循環法」來取得包括失敗在內的許多成果，從而提升自己。將這一套過程養成習慣後，目標定能實現。

看我這麼說，你是不是也想買一本新的筆記本，踏出邁向年收一億日圓的第一步呢？

本章最後，就來傳授筆記本的多重活用術吧。比起新手，這些方法其實更適合已經看過我的著作或 YouTube 影片，而且已經在運用筆記本的人。

因此，如果你還沒買筆記本，尚未養成每天寫筆記習慣的人，可以先跳過這一節，直接進入下一章。

高級筆記本：只寫新年目標，交給神明保管！

將目標寫進筆記本，並自由隨意地記錄達成目標的過程、需要解決的課題，以及具體的行動計畫，即為上岡流的筆記本活用術。

基本上，記錄這些內容只要一本筆記本就夠了。但事實上我會分成兩本使用。

首先，除了日常使用的方格筆記本外，我還會準備一本價格約 1,600 日圓（約新台幣 340 元）的高級筆記本。這本高級筆記本，僅用來在每年元旦那天，寫下當年度的目標，所以一年只用幾次而已。目前只用了十頁左右，我連續好幾年都用同一本。

因為這本筆記本幾乎只用來寫目標，然後放在家裡，不會放入公事包也不會帶出門**【圖 11】**。

圖11　高手的兩本筆記本

❶高級筆記本
（寫下年度目標）

放在神龕下面保管好

❷價格便宜的筆記本
（想寫就寫的筆記本）

有方格線，製作
圖表很方便

放進公事包裡
隨身攜帶

雖然只寫了十頁，但由於需要認真思考一年的計畫才能寫，所以我會用整個新年假期來做這件事。具體來說，我將頁面分成上下兩部分，上半部寫目標，下半部則是寫為了達成這些目標的行動任務。

這樣分成上下兩部分，可以讓任務和行動策略清晰地連接起來，更容易轉化為實際行動。也就是說，上面是今年應該做的事情，下面則是寫為了實現這些目標應該做的具體行動。

每年從元旦起連續三天做這件事是有其意義的。我們常說新年新計畫總是「三天打漁，五天曬網」，因此新年的頭三天是興致最高昂、注意力最集中的時期。一年的能量會在這三天達到最高點，趁這時設定目標並制定行動計畫最有效。

在新年期間設定計畫，會讓人有種一整年都為這個目標不斷努力的決心。

反之，如果拖延到一月下旬或二月時才開始計畫，就很容易覺得麻煩而放棄。所以我每年都趁新年期間，把目標和行動計畫寫進高級筆記本中。

這本筆記本還有另一個好處，它不僅能用來制定未來的計畫，還可以回顧自己過去的成長。

將自己累積的成果予以視覺化，看到自己的進步過程後，你會更有自信。「原來我成長進步了這麼多！我都做到這個程度了，接下來也一定能繼續成長進步！」因而產生新的能量。

高級筆記本原則上只在新年期間打開，所以我都放在家裡的神龕下面。放在神龕下，不僅是一種祈求吉利的象徵，也是一種神聖的儀式，意味著向神明祈求願望成真。

有些人則會在這些目標上放置能量石，而且聽說有不少人因為這樣做而實現目標，或許這不完全是迷信，箇中原理很類似「提前慶祝法則」。

另一方面，方格筆記本則要隨身攜帶，用來記錄工作任務、隨時想到的點子、公司的課題，以及預算分配等，想到什麼就寫什麼。

方格筆記本的好處之一是方便繪製圖表。
而且「方格」也會讓想法變得更容易整理。

有研究證明顯示，電車座位如果有一處顏色不同，乘客就會整齊地坐在該處的兩邊。

筆記本也一樣，有方格的話，即使是塗鴉，也會更容易把握整體的平衡布局。

用設計和建築術語來說，就是指「網格（線條縱橫筆直排列出來的圖形或結構）」。總之，「外觀」整理好，思慮也會隨之整理好。

書寫時難免塗塗改改，因此我都使用可以擦拭的魔擦筆。

為什麼要將筆記分成兩本呢？主要是隨身攜帶用的方格筆記本很便宜，即使用到破破爛爛也不心疼。

如果使用高級筆記本，反而會顧慮美觀而不能隨心所欲地寫，也難以用圖表表達想法或隨時記錄靈感。所以若想記錄這些內容，最好是選便宜、不怕用到破爛的筆記本。

超集中焦點筆記術：緊急任務用

我的另一種筆記本「超集中焦點筆記術」，是用於遇上必須在短期內達成目標，或工作成果停滯不前時的工具。

你可以用前面介紹的日常任務筆記本，來使用這個「超集中焦點筆記術」，但如果你想用另一本來書寫也可以。總之，這是一種用來達成單一目標的筆記術。

接著來介紹具體的使用方法吧**【圖 12】**。

①寫下目標

舉例來說，設定一個可以在三天內達成的目標，並寫下截止日期。

②將輸出計畫寫在便條紙上

為了達成目標，將必須完成的輸出計畫寫在便條紙上，然後貼進筆記本中。

③寫下輸入與改進事項

簡明扼要地條列出進行了哪些輸入與改進事項。

圖12　超集中焦點筆記術

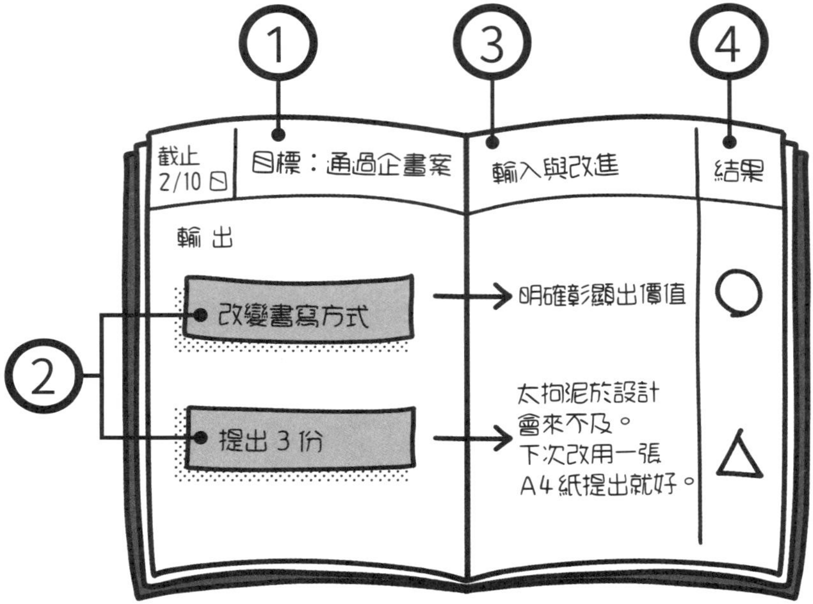

④記錄結果

三天後，如果完成相關的輸出計畫就標記為「○」，如果仍在進行中就標記為「△」。

攤開筆記本，用跨頁的方式來記錄。

在左頁的開頭，寫下你想在三天內達成的目標。例如，「一週後，YouTube 訂閱數增加一百人」。

接著，在左頁的空白處，把達成這一目標所必須完成的輸出計畫，全都寫在便條紙上，然後貼進去。例如「查閱參考書籍」、「向人氣 YouTuber 請教」、「每天上傳新影片」、「改變資料的呈現方式」、「更換縮圖」等。

不論是否能如實在三天內完成，先把所有想到的點子一口氣都寫出來。

之所以寫在便條紙上，是因為如果三天後這些輸出事項尚未完成，可以直接移到下一頁。將便條紙移到下一個跨頁，就能立即看出哪些輸出計畫尚未完成（熟練後，也可以直接寫在筆記本上）。

右頁則分為兩部分。

右頁左側寫上你為了實現便條紙上的輸出計畫所進行的輸入與改進事項。

例如，你對「上字幕的方式」進行了某些學習（＝輸入），就寫下：「發現酷炫的字體更能增加觀看數。下一部影片就這樣做！」

右頁右側則記錄改進的結果。如果該輸出計畫做得很成功就標記為「○」，若仍有改進空間則標記為「△」。不標記「×」。標記為「△」的輸出計畫就移到下一頁，繼續改進，直到標記為「○」為止。

也可以再寫上「改進」的方法，這招很有效。很多人不知道這一招的好用，其實應該更看重改進方法才對。只要養成寫上改進方法的習慣，自然能大幅提高工作效能和速度。說成功與成果取決於改進的次數，一點都不為過。

運用這項絕對法則，持續寫上改進再改進的新事項，最終你會找出「專屬於你個人的最佳改進方法」。

如果目標尚未達成，就在下一頁設定同樣的目標；如果已經達成，那就設定更高的目標。

「超集中焦點筆記術」是讓人專注於一件工作上的輔助工具，幫助你專注於應該做的事情，快速推進工作，效果強大。

不過，如果你不想寫，就沒必要勉強自己。如果你覺得最近做事好像成效不彰，不妨把這個「超集中焦點筆記術」當成最後一張王牌來利用。

以上是達成年收一億日圓所需的筆記本活用術。

不要想得太複雜，將你日常對工作、投資、副業等，關於如何達成年收一億日圓的想法，自由地寫下來吧。

關鍵在於，將想法寫出來，隨時看得見，再化為實際行動與輸出，並且每天持續做下去，養成習慣。

那麼，下一章開始，我將說明在你踏出第一步，將想法以手寫方式寫入筆記本後，接下來應該做的事。

第3章

吸引強運的方法

越坦承欲望，越吸引強運

欲望，是吸引強運的原動力

你認為，達成年收上億這種大目標的動力從何而來呢？

我認為是「欲望」。
也相信「欲望」正是吸引強運的原動力。
「欲望」的用法，有時與「需求」相同。

根據辭典的解釋，「欲望」是指「感到不足並希望獲得滿足的心情。亦即，渴望、想要的心情。」

另一方面，「需求」是指「強烈地渴望得到某物。或者，在某些限制和條件下的欲望。」（均引用自小學館《精選版日本國語大辭典》）。

雖然兩者看起來相似，但「需求」的解釋是「在某些限制和條件下的欲望」。

換句話說，「需求」在一定程度上是被抑制的狀態，而「欲望」在某種意義上則是無秩序的，具有擾亂社會或人心平靜的負面含義。

提到「需求」，我們會想到亞伯拉罕・馬斯洛（Abraham Harold Maslow）著名的「需求層次理論」（Maslow's hierarchy of needs）。這個理論如**【圖 13】**所示，將人的需求分為五個層次：「生理需求」、「安全需求」、「社會需求」、「尊重需求」和「自我實現需求」。

這些層次呈金字塔排列，當低層次需求得到滿足後，人們會尋求更高層次的需求。

最基礎的是「生理需求」，上面是「安全需求」，再往上是「社會需求」、「尊重需求」和「自我實現需求」。

在這個低層次階段，驅動人們前進的原動力應該是「欲望」而非「需求」。人們此時會一心一意想賺錢、想穩定生活、想保護重要的人、想要成功，進而拚命工作或投資。

圖13　亞伯拉罕·馬斯洛的「需求層次理論」

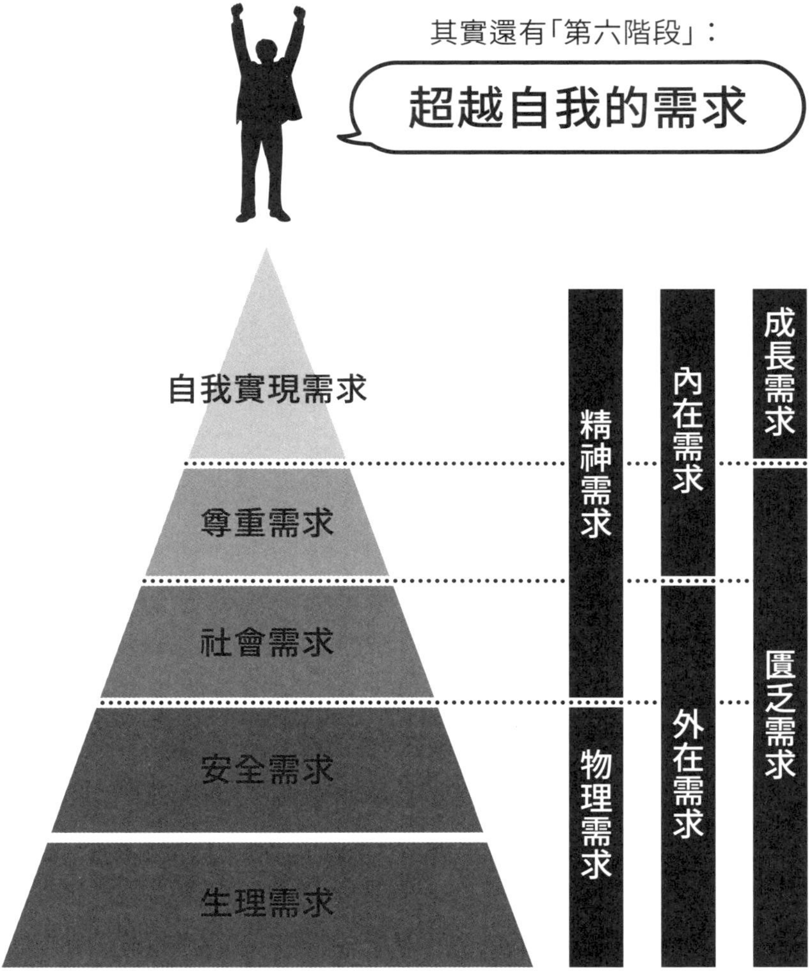

我認為，為了接近年收上億這樣的大目標，最初應該以欲望為原動力來拚命賺錢。如果火箭發射般快速累積資金，縮短與目標的距離。

為什麼許多人無法按照欲望行動呢？

以日本人來說，其中很大程度上與民族性有關。

我在 YouTube 的直播中，經常遇到各年齡層的觀眾詢問：「我對成為有錢人毫無信心，這該怎麼辦？」、「我該怎麼做才能成功？」

仔細聆聽這些人的話語，總覺得他們對賺錢感到不太好意思。我想本書的讀者中，有不少人從小就聽過有金錢欲、自我表現欲是「壞事」的教導吧。

這點算是日本教育系統的最大弊端。遺憾的是，想賺錢、想開豪車、想住在東京都內的豪宅等，將這類欲望說出口，在日本一直被視為不好的事。

但現實中，**成功人士能夠不斷挑戰的原動力，幾乎都來自純粹的「欲望」**。

只要是人，任誰都有物質欲望、金錢欲望，以及精神上的欲望。正因為有欲望，人類才能夠進化到今天的地步。

事實上，**就我所知，年收達到一億日圓的人都對欲望毫不掩飾，懂得反用欲望來實現巨大的成就**。

這些人都很坦誠地面對自己的欲望，不害怕與眾不同。

他們大多積極又樂觀，即使遇到不幸也能正面看待，而且以自我為中心。

白手起家並累積巨額財富的成功人士，他們的出發點往往出自一個單純的欲望——想要盡情發揮自我。這種欲望成為他們的行動力，創造出新的服務和設計成果，進而變成一種吸引人的魅力。

起點的欲望，能支持你破除枷鎖

話說到這種地步，想必依然有很多人對「賺錢」心生抗拒吧。

所以為了這些人，我想再進一步說明馬斯洛的「需求層次理論」。

就需求層次理論而言，人們在初期階段，會隨著欲望拚命工作賺錢。達到這個初期目標並積累一定的財富後，人們會開始關注自己與社會的關係。

意思是，人們不僅想要滿足自己，還會希望得到他人的肯定與尊敬。

這個階段稱為「社會需求」或「尊重需求」。已經擁有一定財富和社會名聲的人，透過增加社交媒體上的粉絲數量或因「讚」數而喜怒哀樂的現象，正是反映了這些需求。

接著，需求的性質會從物質需求轉變為內在的精神需求，從希望填補不足的「匱乏需求」，轉變為希望自我成長的需求。

個人成長的最終形態，是希望與他人分享自己擁有的一切，並能造福世界，對社會有所貢獻。

這是高於馬斯洛「需求層次理論」的第六階段，即「超越自我的需求」。

其實，需求層次理論中本來就有「第六階段」，是馬斯洛晚年提出的，可惜大家普遍只認識五個階段，往往漏掉第六個「超越自我的需求」。

據說馬斯洛認為，全世界大約只有2%的人能達到超越自我的階段。以我自己的情況來說，雖然我也還沒達到這個超越自我階段，但我覺得我目前的欲望階段，已經和年輕時大不相同了。

起初，我的欲望是拚命工作以取得事業成功，並且賺大錢。這就是我積極向上的原動力。

然而，在我達成年收一億日圓，實現了初期目標後，如今推動我的欲望，是藉事業成功，對更多人產生積極正向的影響，或者把成功經驗寫成書來幫助更多人，也就是轉變成社會性欲望或精神性欲望。

一個人要對社會有貢獻、對人們產生積極的影響，就必須在事業上取得一定的成功，獲得社會的肯定，否則對周圍的貢獻度會相對微小。

因此，正在閱讀本書的各位，不妨從努力工作賺錢，讓自己接近年收一億日圓的目標開始吧。

當你達成這個目標、取得成功後，便會自然而然地關注社會，不再只想滿足匱乏，而會希望自己的內在也獲得成長。

再下一個階段，你的目標就是超越自我了。

因此，現在的你**完全無需對賺錢感到不好意思**。如果你希望對社會產生影響，並能幫助更多人，那麼，現在積極賺錢並取得成功後，再實現這個願望也不遲。

更何況，我認為能夠坦誠面對正向欲望的人，往往更能夠招來好運。

打開大腦杏仁核的「動力開關」

西田文郎是日本想像訓練研究與指導的先驅，他在著作《強運的法則》* 中，也提到了馬斯洛的需求層次理論和第六階段的「超越自我的需求」。

日本知名企業家松下幸之助和本田宗一郎，兩位都是達到超越自我階段的代表人物，而西田文郎在著作中，探討了這些成功人士的大腦狀態。

* 編按：《強運的法則》（強運の法則），日本經營合理化協會，2007 年出版。目前無繁體中文版。

他稱這些成功人士的大腦狀態為「心智旺盛」（mental vigorous）。而「Vigorous」一詞源自拉丁語，意指「活躍」或「充滿力量」。成功人士的「心智旺盛」狀態是指「思考」、「想像」和「情感」全部處於正面狀態。

正如我之前提到的，那些擁有強運且年收超過一億日圓的人，通常都是「積極且樂觀」的，他們的大腦就處於「心智旺盛」狀態。

這種狀態就像不斷分泌出多巴胺或 β- 腦內啡等讓人愉悅的激素一樣。

從大腦結構來看，讓我們感到愉悅和快樂的是大腦新皮質部分。特別是其中的前額葉皮質，負責記憶和情感控制等高度精神活動**【圖 14】**。

至於大腦邊緣系統中的杏仁核則是引發負面情感的部分。

大腦邊緣系統又稱舊皮質，從進化學的角度來看，這是人類大腦中一個古老的部分。這個部分會創造出野性的情感，其中的杏仁核會引發「憤怒」、「悲傷」等負面情感。

圖14 大腦新皮質與杏仁核（大腦邊緣系統）

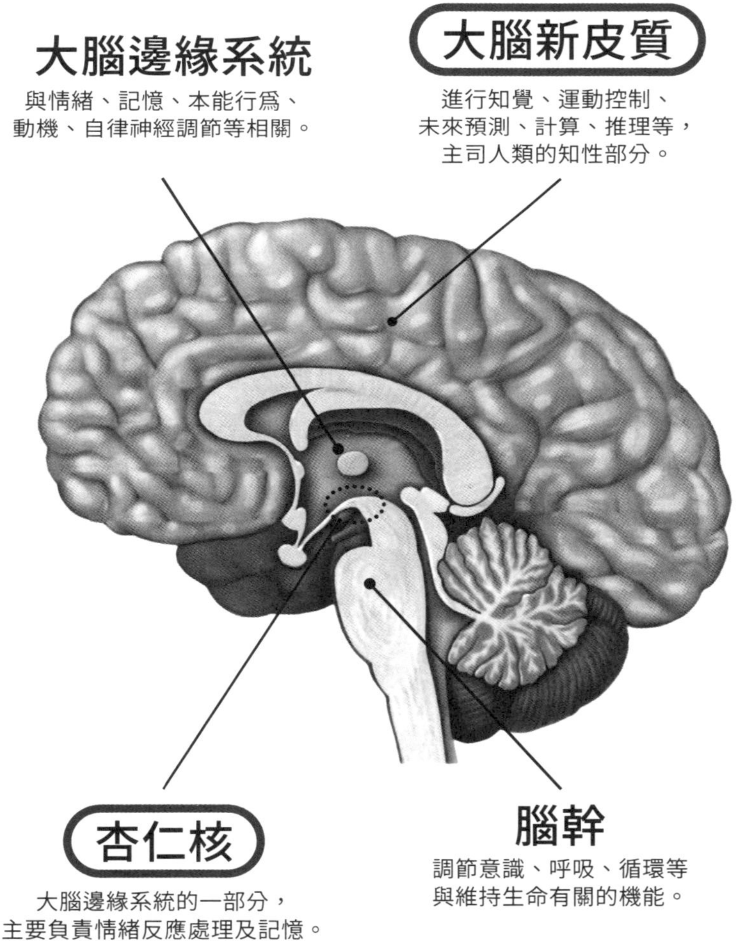
大腦邊緣系統
與情緒、記憶、本能行爲、
動機、自律神經調節等相關。
大腦新皮質
進行知覺、運動控制、
未來預測、計算、推理等，
主司人類的知性部分。
杏仁核
大腦邊緣系統的一部分，
主要負責情緒反應處理及記憶。
腦幹
調節意識、呼吸、循環等
與維持生命有關的機能。

一般認為，大腦新皮質是為了控制這些杏仁核情感而發展出來的。

不過，新皮質的神經結構至今未明，關於這個先進領域，就交給更專業的大腦科學研究人員吧。

另一方面，杏仁核不盡然只會引發負面情感而已，它也會帶來「快樂」、「愉悅」等正面情感。

當杏仁核朝向積極正向時，會釋放出有「動力開關」之稱的多巴胺，讓人感到愉快和幸福，同時激發出幹勁。

大腦新皮質在啟動杏仁核的「動力開關」上也扮演著重要角色，因為大腦新皮質的功能很大程度上受到「想像」的影響。

我在第 1 章提到的「提前慶祝法則」，正是由大腦新皮質創造出的「成功想像」。透過提前想像自己獲得成功的狀態，打開杏仁核的動力開關，在積極正向的狀態下產生幹勁，朝目標邁進。

當你能夠清晰地想像出一個大目標，光是這樣，你就會感到興奮並激發出幹勁。那該怎麼清晰地想像呢？具體方法就是

第 1 章和第 2 章中提到的「將目標寫在筆記本上」。

不要只在腦中想一想，還要將目標確實寫在筆記本上，這樣才能更加動用到大腦，提高那幅未來成功畫面（以本書來說，就是達到年收一億日圓時的自己）的解析度。

有些人還會將具體的照片貼在筆記本上來提高解析度，讓想像畫面更清晰。

成功人士的「心智旺盛」狀態不就是這個樣子？

透過預先想像成功的狀態來激發幹勁，進而付諸行動，這樣你就已經走上實現目標的道路了。

本書開頭提到「只要在新的筆記本上寫下『目標：年收一億日圓』，將來就能實現這個目標」，相信各位已經明白不是誇大其詞了吧。

吸引強運的六名夥伴

只要讓自己處於成功腦的狀態，保持積極進取心態，必會吸引許多同樣擁有成功腦的人。這些夥伴在你遇到困難時會互相支持，幫忙克服障礙。

有一個相似的說法是「五人平均值理論」（Average of five）。這是美國著名企業家吉姆·羅恩（Jim Rohn）的一句名言：「你身邊五個人的平均值就是你自己。」

什麼意思呢？簡單來說，就是人很容易受到周遭人的影響。

例如，身邊都是與自己有相似想法和性格的人，因為人際關係穩定，容易陷入安逸，從而缺乏走出同溫層的意識。

這種舒適的同溫層又稱為「舒適圈」，但如果一直待在舒適圈裡，就不會再繼續成長進步了。

「五人平均值理論」經常提到一個例子，即水槽裡的金魚。實驗中，在有五條金魚的水槽中放入一塊玻璃板，這樣金魚就無法游到水槽的另一邊**【圖 15】**。

從金魚的角度看，玻璃板的另一邊有很大的空間，因此想要游過去，但被玻璃板擋住。後來，金魚們明白根本過不去，也就不再嘗試了。

有一次，實驗人員移除玻璃板，讓金魚能夠自由地游到水

圖15　將玻璃板放在金魚水槽的中間，從中隔開後……

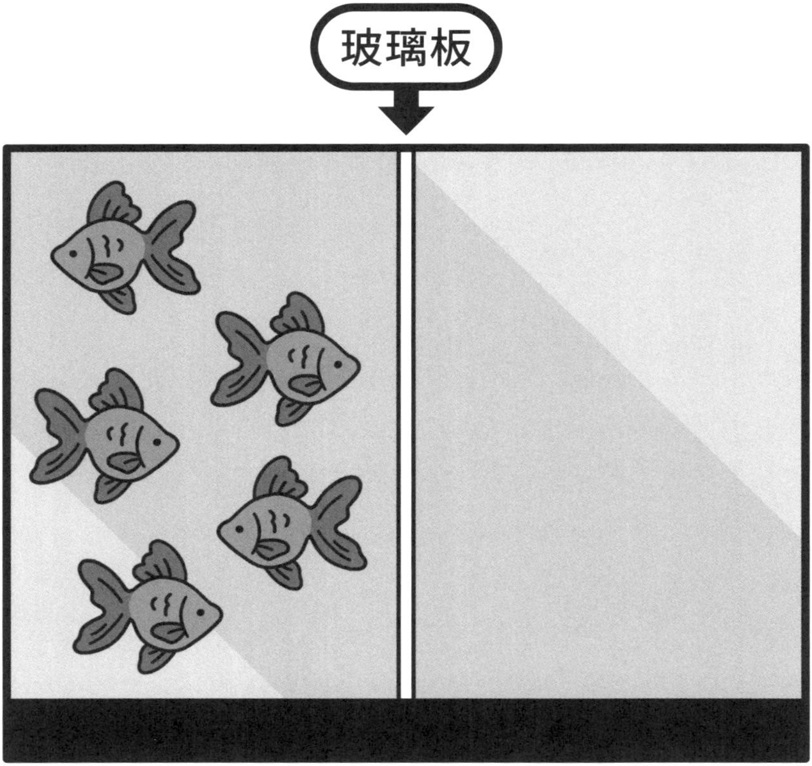
玻璃板

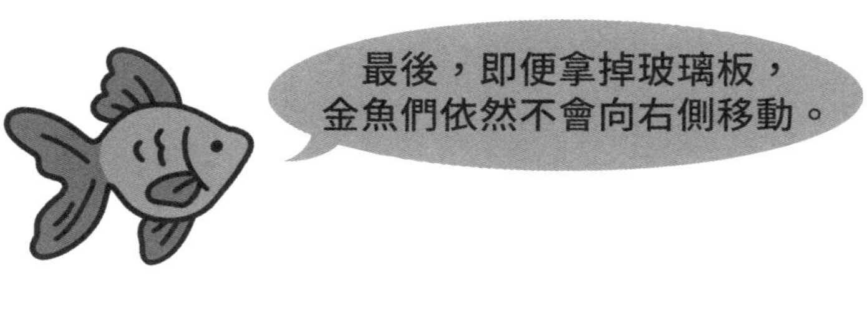
最後，即便拿掉玻璃板，
金魚們依然不會向右側移動。

槽另一邊。到底金魚們會採取什麼行動呢？

金魚們雖然可以自由地游到水槽的另一邊，但出人意料的是，牠們依然停留在原本的那一半空間內，並未試圖游向另一邊。

也就是說，金魚們在多次嘗試未果後，認為自己永遠無法到達對面，於是放棄了嘗試。

世上有很多人都和這些金魚一樣吧。

那些無法邁向年收上億目標的人，也可能是受到周圍夥伴的影響。

當你想邁出實現年收一億日圓的第一步時，這些夥伴可能會扯你後腿地說：「你不可能做到啦，別傻了！」

於是，你會受到他們的影響，認為自己無法達成這個目標而放棄舉步前進。

結果，年收一億日圓的目標變得遙不可及，甚至一生都無法實現。也就是說，周圍夥伴對一個人的成長極為重要。

前述的《強運的法則》中也提到夥伴的重要性。書中提到應交往的夥伴不是五人，而是六人。這六個人是：①比你更會賺錢的人、②嚴厲的年長者、③能力強的對象、④敢批評你的人、⑤令人感恩的反面教材、⑥時刻敲醒你大腦的導師

這六人是一個多元的夥伴組合，各自以不同的方式為你帶來好處。如果這六人成為你的夥伴，你就無法繼續待在舒適圈，但為了吸引強運，這樣做是值得的。

相對於舒適圈，自我成長的環境則稱為「學習圈」。

進入學習圈會面臨新的刺激，每天都會確實感受到成長，但也會承受精神上的壓力。

所謂的打破日常習慣，就是主動進入這個學習圈。起初的進展會相當緩慢，但久而久之，你就能刻意從舒適圈進入學習圈，從而透過自己的意志和選擇，不斷給自己帶來成長進步的機會。

新的挑戰有時會帶來違和感。當你心生抵抗時，請立刻轉念：「這正是成長的好機會！」迷茫和恐懼感自然會消失。

總之，強運就是因為有這些夥伴的存在而招來的。不同的夥伴會讓你招來好運，但也可能讓你錯失好運。

「行動」帶來更多「強運」

成功人士會大方說出欲望

從成功人士的例子中可以看出，要吸引強運，需要讓自己保持正向的情緒。

有一個簡單的方法可以幫助你保持正向的情緒——常說積極正向的話語。

前面提到「要坦誠面對自己的欲望」，如果你對說出欲望心生抗拒，就難以產生行動力和挑戰意志了。

將「想跟全世界做生意」、「想同時擁有金錢和名聲」、「想影響更多人」等欲望轉化為能量，行動力就會不斷提升。

如同「言靈」一詞所示，語言具有不可思議的力量。當你說出積極正向的話語時，最先聽到這些話語的不是周圍的人，而是你自己。也就是說，這些積極的話語不是為了別人而說出口，是為了你自己。

這個方法很簡單，但很多人都不做。

我能實現年收一億日圓，也是因為很少有人能夠這樣說出自己的欲望，或是經常說積極正向的話語。我在起步階段沒有競爭對手，因此能順利地朝目標前進。

為了吸引強運，請各位務必經常說出積極正向的話語。

我開玩笑地稱之為「言靈迴力鏢」。即使是不確定能否實現的夢想和目標，我也會大膽說出口。

說出這些話會讓大腦釋放腎上腺素，激發「我要拼了！」的情緒，並透過交感神經節，將身體機能調整成戰鬥模式，提升行動力。

說出欲望還能吸引有共鳴的夥伴。當然，也能招來好運。

我相信語言的能量能夠自然地產生引力，吸引成功所需的物質。

在這個宇宙中，銀河系、太陽系、地球與月亮，以及我們人類，都是由構成物質的最小單位——基本粒子構成的。

反過來說，構成人類和宇宙的基本粒子完全相同，我們可以說是宇宙能量的集合體。

這些基本粒子會振動。當人們感到興奮或快樂、情緒高漲時，基本粒子的振動頻率會上升。振動頻率高時，人們會成長，有時甚至會產生非凡的發明而更加進步。

振動頻率上升會產生能量，發出波動並向外擴散。接著產生幸運再幸運的正向連鎖反應，自然吸引有共鳴且頻率相同的人不斷靠近。

然而，當工作失敗或被上司責罵而沮喪時，振動頻率會下降，波動會由向外變為向內，從而引發不幸再不幸的負面連鎖反應。

最終，獲得成功的是那些振動頻率高的人。

其中有些人講話大聲、態度傲慢；也就是說，成功人士未必都是「好人」，性格不好但振動頻率高的人也常常能獲得成功。這些人能毫不猶豫地說出欲望，應該說，他們就是用這種方式來保持高振動頻率。

如果你對這種人反感，將他們視為反面教材而更不敢把欲望說出口，那麼你就自動遠離了運氣和成功。換句話說，是你自己放棄了幸運。

因此，與其讓討厭的人先成功，不如自己先毫不猶豫地說出欲望吧。

與其煩惱不如行動

這裡再介紹一個讓振動頻率不下降的方法，就是「與其煩惱不如行動」。

我們的幹勁來自大腦新皮質的前額葉皮質。研究顯示，這個前額葉皮質在行動時，特別是手腳動來動去時會更加活躍。與其停下來煩惱，不如行動起來，這樣才能刺激前額葉皮質，釋放出多巴胺這種快樂荷爾蒙，讓你持續進行正向的輸出活動。

當然，犯錯時，反省也很重要。我也曾因失敗而深受打擊。

但只顧著沮喪不會帶來任何改變。與其連日嘆息煩惱，不如立即展開「切入點快速循環法」，在沮喪中積極行動，才能讓心情轉為正向。

說得極端一點，**與其坐在桌前抱頭苦惱，不如出去跑步，這樣你的基本粒子的振動頻率才會上升**。

就行為舉動這個意義而言，「拍手」就是一種很棒的舉動。

因此，我設定了一個打開動力開關的方法，稱為「一秒法則」。美國有一個「五秒法則」，用來幫助長年受恐慌、焦慮所苦的女性，我便是改編自這個法則。

關於「五秒法則」的書在全美銷量超過百萬本，其實方法非常簡單。當你想要行動時，立刻倒數「五、四、三、二、一」，並在數到零之前付諸行動。

我將這個法則進一步簡化，創造出「上岡流一秒法則」。**只要雙手一拍，大聲說出：「好，拼了！」【圖 16】**即可。

我用這個方法掌握了立即行動的開關。

行動能提高振動頻率，產生幹勁。而且拍手能喚起大腦展開行動，如果同時大聲說出：「好，拼了！」就能瞬間打開動力開關。

拍手和大聲喊出來都是很棒的「行動」。這些行動會成為觸發點，為自己帶來「幹勁」。因為行動會刺激大腦的依核（Nucleus accumbens, NAcc），進而將多巴胺這種神經傳導物質轉化為動力。

即使是小小的行動，也能刺激依核，然後分泌多巴胺，這是

圖16　一秒打開動力開關

最先進的大腦科學研究結果。

換句話說，透過拍手和大聲說話等行為，即可自由自在地操控行動觸發點，掌控大腦狀態。

也可以用其他有充電作用或激勵效果的話來取代「好，拼了！」，例如「You can do it!」也很不錯。總之，用自己喜歡的話語來打開動力開關，轉動好運。

採取多樣化的行動

前面已經說明為了吸引強運，必須採取「行動」。

現在要進一步說明這個行動。像打開動力開關這種簡單的行動自然另當別論，否則，若要招好運，達成將來年收一億日圓的遠大目標，就非採取另一種類型的行動不可了。

具體來說，就是「多樣化的行動」。

意思是，無論如何都要多次行動、多次失敗，積累各種經驗。回到第 1 章的「手寫筆記術」，我建議各位寫下目標，以及為達成目標該如何解決各種課題等，但最重要的是立即行動。

不是苦思各種煩惱，做完充分的輸入後再轉為輸出，而是「一分」的輸入就要做出「九分」的輸出，立即轉化為行動。

為什麼立即行動並經歷許多成功和失敗會這麼重要呢？

行動時，如果每次都只做同樣的事情，不會有新的學習。每次都採取不同的行動，才能從中學習新知識，化作自己的養分。

我們會將專注於某一領域的人稱為「專家」，而在多個領域中具有優秀能力的人稱為「通才」。

專家是深度專研一個領域，通才則是廣泛掌握各種知識。

有一項研究調查美國優良企業的經營者中，專家和通才哪一類人更成功，結果顯示通才更成功，收入也更高。

此外，最近在美國，有一種「T 字型」的「專家型通才」備受注目，他們既擁有某特定領域「廣泛且深入」的知識與技能，同時又精通多種不同領域。

根據美國經濟雜誌《富比士》的定義，專家型通才是指「能掌握和收集更多不同學科、產業、國家和話題等領域的專業知識，並擁有好奇心的人」**【圖 17】**。

事實上，在公司中一路晉升至高層的人，多半是通才而非專家。

要實現本書目標，即達到年收一億日圓，需要滿足三個收入要件，其中之一是「將薪資收入提高到極限」。為此，成為通才，甚至是「T 字型」的專家型通才，才是達成目標的捷徑。

當然，成為專家中的專家也是一種方法，但今後要在新領域成為專家，我認為十分困難。

要以專家之姿取得成功，就必須成為該領域的第一名，這樣的成功可能性可說微乎其微。

回歸正傳，採取「多樣化的行動」，目的是為了積累大量經驗，並將這些經驗轉化為自己的養分。

不過，採取多樣化的行動並積累經驗後，必須從中吸取一

圖17 T字型」的專家型通才

兩個重要的經驗。如果涉獵各種領域卻最終一無所獲，那就毫無意義了。

首先要行動，並且為了有效利用從中獲得的成果與失敗經驗，此時可以使用「手寫筆記術」，將挑戰的領域、獲得的成果和失敗教訓等所有內容，全都寫在筆記本上。

經常回顧這些筆記，思考解決方案並付諸實踐，你就能累積出大量面對各種課題的應對方法。

這將有助於充實你的「人生百寶箱」。讓你成為超越別人的專家型通才，邁向成功之路。

第4章

將年薪最大化&創造副業收入

從三千萬到一億日圓

將年薪提高到極限

若你真心想大幅提高年薪，我提出以下三種複合式的收入途徑：

①將薪資收入提高到極限（或經營公司）＝勞動投資

②股票投資＝金融投資

③副業＝收入槓桿

目前，我是結合強運和這三種收入方式，實現了年收一億日圓的目標。

如果是年收根本不到一億日圓的人，說這些話等於紙上談兵，但我不一樣，我能夠以自己的實際經驗，證實如何透過這三種方法來達成目標。

讓我們先從①「勞動投資」，即「將薪資收入提高到極限（或經營公司）」開始吧。

不要安於現狀

目前，日本的上班族年薪大概是多少呢？根據日本國稅廳於 2023 年 9 月 27 日公布的「2022 年度民間薪資實態統計調查」，日本人的平均年薪為 456 萬 6000 日圓（約新台幣 96 萬元），如果只算正式員工的話，平均年薪為 523 萬 3000 日圓（約新台幣 111 萬元）。

就這個數字來看，年薪一億日圓似乎遙不可及吧。但這些數據涵蓋了所有年齡層的勞動者平均薪資，自然也包括年薪較低的年齡層。

那麼，我們來看看轉職網站「DODA」於 2023 年 12 月 4 日公布的調查數據吧。這些數據顯示，20 ～ 29 歲的平均年薪為 352 萬日圓（約新台幣 75 萬元），30 ～ 39 歲為 447 萬日圓（約新台幣 95 萬元），40 ～ 49 歲為 511 萬日圓（約新台幣 108 萬元），50 歲以上則為 607 萬日圓（約新台幣 128 萬元）。

無論哪一個年齡層，年收都未達到一千萬日圓。換句話說，要從百萬提升兩位數，達到一億日圓是相當困難的。

所以不要指望光靠薪資收入來實現一億日圓的目標，而是將年薪設定在三千萬日圓（約新台幣 635 萬元）。然後，透過股票投資獲得六千萬日圓，再加上副業收入一千萬日圓，就能達到年收一億日圓的目標。

不過，年薪三千萬日圓也不是那麼容易達成的數字。

讓我們再次看看國稅廳的「2022 年度民間薪資實態統計調查」吧。根據調查，大約 5078 萬名上班族（薪資所得者）中，年薪超過 2500 萬日圓（約新台幣 529 萬元）的人僅占全體的 0.3%（約 17 萬人）。

由於該調查數據的最高年薪為 2500 萬日圓，故無法確定有多少人是超過 3000 萬日圓的，但顯然是少於 0.3%。

換句話說，年薪超過 3000 萬日圓者「不到 17 萬人」，實際上可能不到 10 萬人**【圖 18】**。即使不看這些統計數據，大家應該也想得到吧。

圖18　年薪超過3000萬日圓者僅0.3%

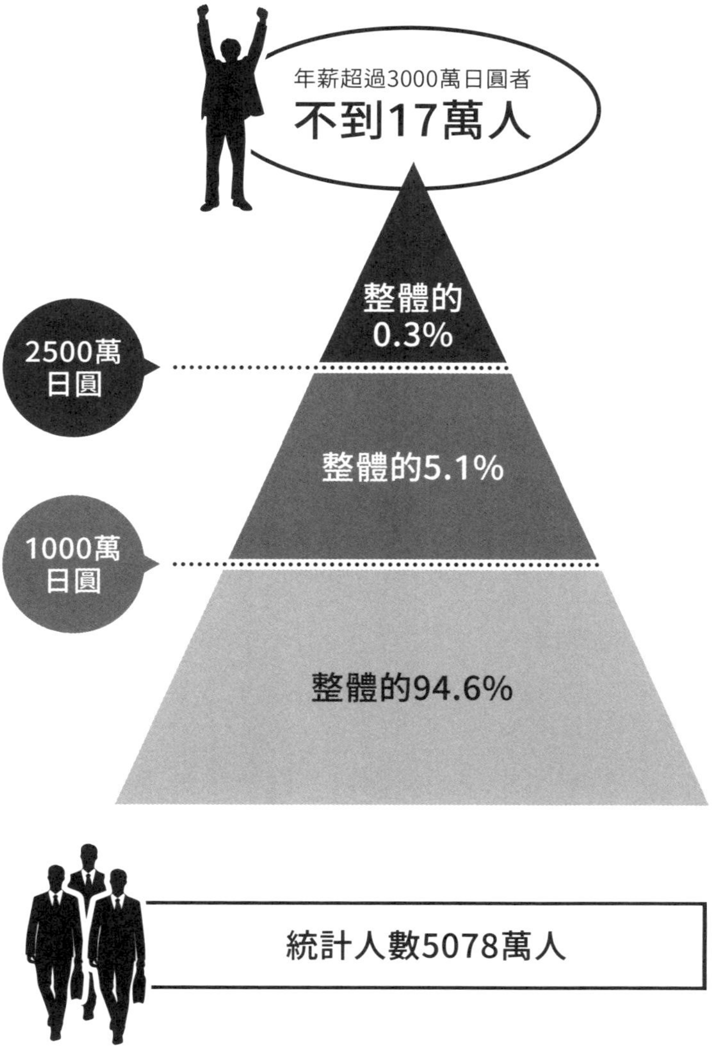

「在我們公司要達到年薪三千萬日圓，不可能！」

「我一輩子為公司打拼，但薪水只有小調一下而已。」

「我們公司的薪水是按年資算的，我主管的年薪才一千萬日圓，我怎麼可能有三千萬日圓！」

如果你有這類的負面想法，請馬上敲敲自己的頭。告訴自己：「別再睡了！快醒醒！」

人類本來就是不願做出改變的生物，因為維持現狀最輕鬆。只不過，當你安於現狀時，你的競爭對手已經把你甩在後面了。

最終，只有那些決心打破現狀並採取行動的人，才能實現年薪三千萬日圓，甚至是年收一億日圓。

請記住，絕不要陷入消極的思緒中。你拿起這本書的原因，不就是為了追求上億年收嗎？

擺脫「習得性無助感」吧！

大多數上班族之所以認為「不可能年收達到三千萬日圓」，應該是基於以下這些現實情況吧。日本人的平均年收，自泡沫經濟時期達到巔峰後，便一路下滑至今。與此同時，年金、健康保險、長照保險等社會保險費用卻在不斷上漲。

換句話說，實際入袋的薪水比公布的數據更少。日本正朝向一個物價與服務價格持續上漲的通貨膨脹社會邁進。儘管目前仍處於通貨緊縮狀態，但我認為在不久的將來，政府目標中的通貨膨脹社會幾乎肯定實現。

因為這對政府來說是有利的。

在通貨膨脹社會中，隨著物價上漲，薪水也會隨之上漲，從而避免對實際收入造成損害。然而，日本目前正處於一種「物價與服務價格高，收入卻依然偏低」的異常狀態。

因此，我完全理解「明明工作這麼認真，卻完全沒有加薪，生活也沒有比較輕鬆」這樣的抱怨。

那麼，認為「不可能達到年薪三千萬日圓」也不是沒有道理。

有一個名詞叫做「習得性無助感」（Learned Helplessness）。這是美國心理學家馬丁．塞利格曼（Martin E. P. Seligman）博士於1967年提出的理論，指的是當人們長時間處於無法抵抗或逃脫的狀態下，最終會連逃避的意圖都消磨殆盡。

塞利格曼博士為了發表這個理論，進行了以下實驗。

他將兩隻狗放入一個會有電擊的房間。其中一隻可以透過按下開關停止電流，另一隻則無論做什麼都無法停止電流。

結果，學會按開關就能停止電流的那隻狗，變得總是積極地按下開關。而無法停止電流的那隻狗，最後變得即使遭受電擊也不再進行任何抵抗。

這就是「習得性無助感」。

當一個人學習到無論做什麼，結果都不會改變時，就會對任何情況都不再採取行動。許多日本上班族正處於這種情況，工作再努力也無法改善生活，如同石川啄木在詩集《一握之砂》（一握の砂）中的詩句：「我工作工作又工作生活依然如故，唯有凝視雙手」，無法擺脫「習得性無助感」。

然而，讀到這裡的各位應該明白，「做不到的理由」不勝枚舉。因此，現在**最重要的不是思考「做不到的理由」，而是開始行動，提高你的年收**。

換句話說，這正是你的機會，因為這意味著你還有「成長空間」，可以增加你的年收。請先建立積極的態度，來思考如何達到年收三千萬日圓的目標。

只要有能力，就能不斷增加年收

日本高度經濟成長時期曾號稱「一億總中流」，意思是有上億的國民全都是中產階級，一生都在同一家公司工作，過著相似的經濟水平生活。

然而時代變了，現在高收入者與低收入者之間的差距越來越大，有能力賺錢的人賺得更多，而貧窮的人更加貧窮。

即使對現狀感到憤怒，咒罵：「誰把社會搞成這樣！」也改變不了現狀。

不過，我們可以換個角度思考。

如今即便不是畢業於一流大學，沒有進入一流企業，但只要有賺錢的能力，賺錢機會比比皆是。幾年前，一名國中三年級生 YouTuber 兼網紅 kimeragon，每個月收入高達一千萬日圓，他的一句「賺錢不需要義務教育」引起大眾熱議。

但我個人認為，必須好好接受義務教育。

然而他的說法也有道理。實際上，他在之後每年仍能賺到數千萬日圓，因此相當有說服力。重點在於，現在只要具備能力和技術，就能獨立創業並大幅增加收入。

提升自己的市場價值

那麼，一般上班族要如何將年薪提升到三千萬日圓呢？

如果薪資上不去的原因是公司的企業文化或制度有問題，就該跳槽到更好的公司。也就是所謂的「職涯提升」。

如果找不到年薪可達三千萬日圓的公司，就該考慮自己創業。這些課題都很清楚了，因此請你用心學習，拿出成果以獲得好評。也就是進行「技能提升」。

本書的另一個主題是「強運」，如果你已經找到原因，並透過改善來解決問題，那麼「運氣」自然會被你吸引過來。

不論是職涯提升或是技能提升，都需要提高自己的市場價值，也就是進行「自我投資」。只要你能明確展示出企業聘用你而獲得的好處，不斷拿出成績來，薪資自會上漲。

YouTube 訂閱數約三萬人的時尚買手 MB 就是一個很有名的例子。他從年收二百萬日圓變成一名「年收上億的買手」。MB 在一次訪談中提到，三十歲前他還是一名上班族，實際收入不到二十萬日圓。

當時他自認沒有特別的才能，於是決定利用大家都在看電視的時間進行自我投資。結果，他成功建立了今日地位——年收上億的買手。

因此，即使自認沒有才能，只要不是為了眼前的快樂，而是為了職涯提升和技能提升，願意花費時間和金錢進行「自我投資」，那麼從長遠來看，我認為可以獲得巨大的回報。

越投入學習的人，市場價值越高

人生中有很多選項。只要專注提升自己的市場價值，自然能讓每天的學習與工作變得更有意義。

比方說，提升能力最簡單的方法是閱讀。

但現代社會因為網路發達，肯花時間閱讀的商務人士越來越少了。根據日本壺中天公司對上班族進行的「讀書習慣實態調查」中，問到：「每個月閱讀多少本書？」結果如下：

- 不讀書的人＝ 42.4%
- 閱讀一本以上的人＝ 57.6%
- 閱讀三本以上的人＝ 24.2%

令人驚訝的是，不讀書的人竟然占全體的 42.4%。

此外，根據日本總務省統計局 2022 年 8 月 31 日發表的「2021 年社會生活基本調查（關於生活時間及生活行動的結果）」，有工作的人每週在學習、自己啟發和訓練上花費的時間平均為「7 分鐘」（不包括培訓等時間）。

這只是平均值，事實上，正在學習的人每週平均學習時間為 123 分鐘。但完全不學習的人占全體的 96%，因此平均學習時間就變成 7 分鐘了。

看到這些調查結果，各位有什麼感想呢？

①「和我一樣不太學習的人很多，那我放心了。」

②「既然大家都不太學習，那麼只要我肯學習，就能在從中脫穎而出了。」

能夠做第二種思考的人，最後肯定能大幅提高年薪。

這是理所當然的吧，例如，拿在同一部門的 A 員工和 B 員工做比較，你認為公司會更看重誰呢？

- 是否精通業務知識？→（A ／精通，B ／普通）
- 是否熟悉業界資訊？→（A ／熟悉，B ／普通）
- 是否會說外語？→（A ／會說英語和中文，B ／不會說外語）
- 是否熟悉電腦和網路？→（A ／熟悉，B ／普通）

在不考慮個性和人品等的情況下，公司肯定會更看重 A 員工才對。

上述項目全都可以透過學習來提升。

獲得公司的看重與好評後，即使不跳槽，也有可能提高年薪或晉升高位。如果再累積經驗、提升技能，就可以透過跳槽來大幅提升年薪。換句話說，**透過學習這種自助努力，你可以不斷提升自己的市場價值。**

事實上，許多「成功人士」很早就意識到這一點，並且付諸行動（＝學習）。前面介紹的時尚買手 MB 也曾經說過：「要想取得特別的成果，就必須採取特別的行動。」

賺到年薪三千萬日圓，表示別人都在玩耍時，「你能拿出特別的成果」。而為了達成這一目標，你必須採取別人沒在進行的特別行動，第一步就是讀書和學習。

不斷採取自我投資的行動，就能更勝他人一籌。而且，還能從此吸引「強運」（後面會詳細說明）。

自我投資從「閱讀」開始

自我投資的方向可以是考取資格證書、學習語言、學習使用商務工具等技能，也可以是參加跨業界的交流會或研習會等，依你的目標而定。

不過，自我投資就像股票投資一樣，盲目進行只會浪費金錢和時間。花大錢參加跟自己工作無關的研習會，雖不至於毫無收穫，但對提高年薪幫助不大。

所以，**如果你找不到合適的自我投資方向，應該先大量閱讀與自己工作相關的書籍**。

閱讀商管類書籍基本上不會是浪費。我在年輕時每天至少閱讀一本商管書，將這些收穫全都化為養分，讓我成為一名成功的企業家和行銷顧問。

以成功人士為例，微軟創始人比爾．蓋茲也是著名的讀書愛好者。

在 Netflix 的紀錄片《蓋茲之道：疑難解法》（*Inside Bills Brain:Decoding Bill Gates*）中，經常出現他讀書的場景。

他房間的牆壁全是書架，書架上擺滿了專業書籍。在紀錄片中，比爾．蓋茲談到選書標準時說道：「我有幾個主題，健康、能源、氣候變遷……，只要是好書我都會讀。」

此外，某雜誌的一篇報導中提到，從一九九〇年代起，比爾．蓋茲在擔任微軟總裁期間，至少每週讀一本書，每年有一次「Think Weeks（思考週）」，專門用來讀書。

其實我的選書方法也和比爾．蓋茲一樣。當我對某個主題感興趣，或是日後要涉入某個新領域時，會閱讀十本相關書籍。

特別是新領域的書籍，有時不確定哪些是好書，總之就是先大量閱讀。大量閱讀同一領域的書籍後，書中共通的語言和規律便會浮現出來。於是，彷彿開悟般，相關知識會自然流入腦海。

因此，如果你對自我投資感到迷茫，那麼請先閱讀再說。

如果你想精通某個主題或領域，那麼我建議「全面閱讀」，一次讀完十本書。

對於學習商務知識或投資知識，這是很有效的方法，我會在第 5 章詳細說明這一點。

自我投資要注意「毛利」

進行自我投資時，考慮能帶來多少「毛利」也很重要。**如果無法產生毛利，那就不是自我投資，而是「浪費」。**

如果自我投資不能反映在薪資上則毫無意義。對於目標年收一億日圓（年薪三千萬日圓）的各位而言，更是如此。

以這層意義來看，閱讀不僅花費少，效果也高，是一項高毛利率的自我投資。同樣地，高品質的 YouTube 影片或學習用的手機 APP 等，也都是高毛利率的自我投資。

舉其他例子來說，知名作家兼經營顧問勝間和代表示，多益的分數每提高一百分，年收將增加 10%。目前多益分數為五百分的人，如果能夠提升到九百分的話，那麼他的年收以複利計算，就是增加 40%。

當然，不是所有人都能以這種方式提高薪資，但如果是相同的工作，會英語則有更高的機會跳槽到外資企業，薪資上漲的可能性也會提高。

當然，不只有英語，任何有用的技能，如行銷或財務知識，都值得學習。關鍵是，要能透過學習這些技能來提高你的毛利。

上英語會話學校或簿記證照班，可能不像閱讀那麼便宜。但如果支付的學費為一百萬日圓，並因此增加三百萬日圓的年收，十年後就相當於三千萬日圓的收益，等於創造出相當高的毛利。

順帶一提，毛利在財務術語中稱為銷售總利潤。簡單來說，就是從銷售收入中扣除材料費等成本後的利潤。

再從中扣除人事費、廣告宣傳費等必要經費後，剩餘的利潤為營業利益；再從中扣除本業以外的利息支出等，剩餘的利潤為經常利益；最後再扣除稅金等，剩餘的利潤即為當期純利益。

像這樣，扣除各種經費和稅金後，最終的利潤就是當期純利益。最初的利潤，即銷售總利潤，也就是所謂的毛利，通常應為正數。因為通常不會是原材料成本高於售價。

但是，其實也有極少數公司會出現銷售總利潤為負數的情況。這可能是原物料價格暴漲所致，無論如何，銷售總利潤為負數的公司，幾乎難以生存。

也就是說，在商務世界中，毛利必須是正數。說得極端一點，**無法產生毛利的生意，就沒必要繼續下去**。

因此，各位在進行自我投資時，務必投資於將來能產生毛利的項目。否則，花費在自我投資上的時間和金錢將全部泡湯。

捨棄無用之物，便能專注達成目標

你渴望財富自由的真正理由？

前面說明了透過自我投資來提升工作技能的重要性，但關鍵在於如何持之以恆。**提升技能固然重要，但如果這些事情並不適合你，或者你不感興趣、不願意去做，依然難以持續下去。**

那麼，你真正想做的事情是什麼呢？

為了確認這一點，請再次拿出筆記本，親手寫下你為什麼想增加財富，以及為什麼會拿起這本書的原因**【圖 19】**。

「想要財富自由，做自己喜歡的事，過上理想的生活。」

「想為孩子準備好充足的教育費用。」

「想到國外旅行，多創造一些美好的回憶。」

圖19 再次確認爲何目標是年收一億日圓

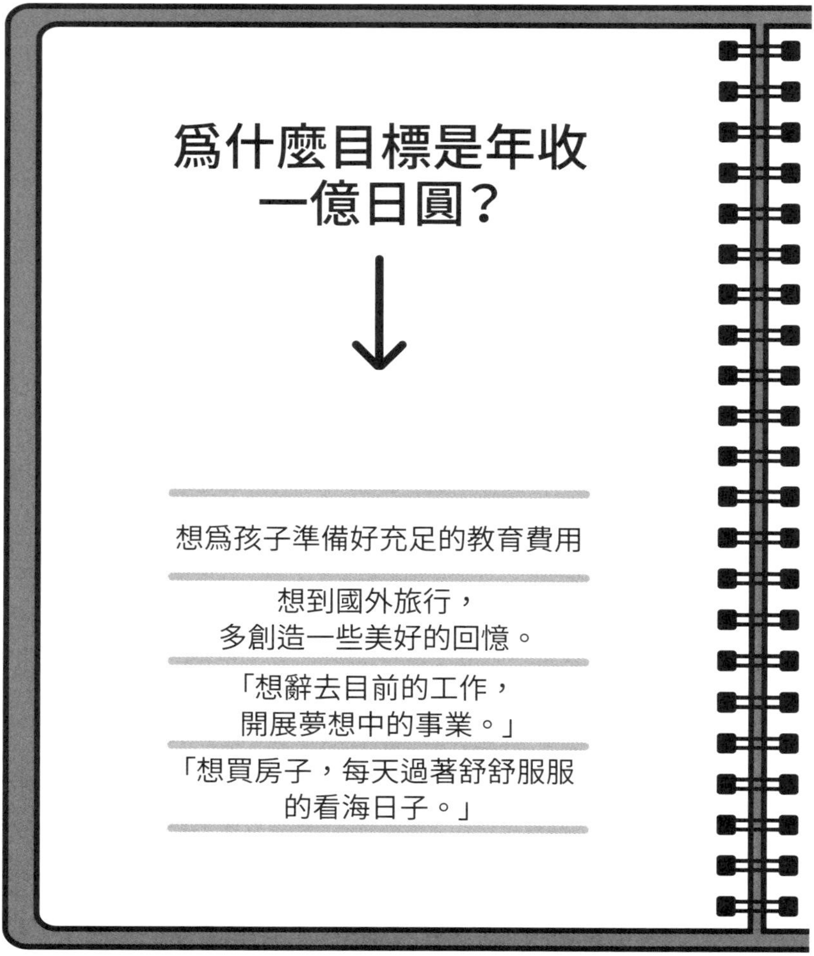
爲什麼目標是年收
一億日圓？
↓
想爲孩子準備好充足的教育費用
想到國外旅行，
多創造一些美好的回憶。
「想辭去目前的工作，
開展夢想中的事業。」
「想買房子，每天過著舒舒服服
的看海日子。」

「想辭去目前的工作，開展夢想中的事業。」
「想買房子，每天過著舒舒服服的看海日子。」

當你將這些內心深處的願望具體寫出來後，你才能朝目標前進，努力進行「自我投資」。如果想增加財富的理由模糊不清，動機將難以維持。

因此，請反覆多看這些「想增加財富的理由」，或者將它們貼在顯眼的地方。

人類是健忘的動物。但如果你能每天看到自己設定的目標，就能不斷確認自己與理想之間的距離，從而更容易維持動機，為縮短這個距離而努力。

有「熱情」才能做好自我投資

如果你很清楚想要增加財富的理由，卻仍無法提起動機來自我投資，那麼最好認真思考一下你真正想從事的工作是什麼。

或許你目前的工作並不適合當成你的主業。

人生只有一次。你無法為了提升技能或提升職涯而進行自我投資，或許是因為你對那份工作沒有熱情。如果你對工作充滿熱情，自然能夠提高動機。

「如果你總是害怕失敗，那麼本應屬於你的東西將會遠離你的人生。」這是我在接受投資雜誌採訪時，經常提到的一句話。

你可能會覺得：「即便如此，為了生活，我還是必須做現在的工作，畢竟理想和現實是兩碼事……」

如果你總是這樣想，就無法改變自己的未來，人生的劇本就此不斷分岔下去。如同一場遊戲，隨著時間推進，未來的劇本會像流程圖般呈扇形擴展出去，你必須在無數的流程圖中不斷尋找最佳答案。有幸福的結局，也有悲慘的結局。

在這種情況下，不敢勇敢挑戰的人，很遺憾，根本不可能成為有錢人。

雖然聽起來很殘酷，但這就是現實。對於那些認為「工作無聊」、「不想工作」的人，天上掉下來一大筆錢的劇本是不存在的，就跟中樂透一億日圓的白日夢一樣。

最終，能夠成為富豪的人，是那些燃燒著熱情之火，拚命努力工作的人。正因為有熱情，他們不會忽視自我投資，會透過轉職或創業來提升職涯和收入，並將資金投入到投資中。

如果你對工作沒有熱情，你的成長將停滯不前，導致你的市場價值下跌，沒人願意付薪水聘雇你。

因此，你當前的問題是如何提升自己的價值。無論年齡多大，找到「想做的事情」，全心全意投入熱情去實現它吧。

捨棄 99% 的無用之物，專注於 1%

那麼，如何找到「想做的事情」呢？我建議各位經常對自己「提問」。例如，你可以這樣問自己：

「這真的是我想做的事情嗎？」
「我是不是為了錢而對自己說謊？」
「這件事是不是應該由更合適的人來做，而不是我？」

同樣地，這些問題不要只在心中想一想，要寫在筆記本上。

如果你是個敏銳的人，或許你已經意識到了，當你把這些話寫在筆記本上的那個時刻，你的選擇就已經決定了。

也就是說，你現在打算做的事其實並不是你「真正想做的事」。而且，當這些想法被寫下來時，它們會變得更加明確。

然後，你就可以做出這樣的決定：
「放棄這個選擇吧。」

或許這聽起來是個草率的決定。但其實，為了找到自己真正想做的事情，「捨棄」是非常重要的。

大約在十年前，有一本暢銷書叫《少，但是更好》（*Essentialism: The Disciplined Pursuit of Less*），作者是曾任 Apple、Google、Meta（前稱 Facebook）以及 X（前稱 Twitter）顧問的葛瑞格．麥基昂（Greg McKeown）。

書中提到的「專準主義」（Essentialism），重點就是「捨棄」。而且，不是只捨棄少量的東西，而是「捨棄 99% 的無用之物，專注 1%」。

為什麼要捨棄無用之物呢？

因為我們生活在一個資訊與選項爆炸的時代。拜科技發達之賜，同時多工處理已經不成問題了。而且，能夠多工處理的人都很優秀這個觀念早已深植人心，於是，即便生活已經夠忙碌了，大家還是努力將更多的活動塞進每天的行程中。

不過，**當我們想要「全部都做」或者「全部拿到手」時，我們會失去一些東西**。人生中可使用的時間很有限，如果我們無法決定將時間和精力投注到哪裡，大部分的時間就會被我們浪費掉。

這個過程中，我們做的事情都是被公司的上司、同事、顧客、家人等牽著鼻子走。當我們放棄了思考，就會不明白什麼對我們才是真正重要的。

因此，「捨棄的決斷力」非常重要。當你捨棄了不需要的東西，剩下的就都是你需要的。根據專準主義的理論，你應該專於那「1%」的重要事物上。

我們每個人一生中可用的時間是有限的，同時我們擁有的能力也是有限的。我不認為人與人之間的能力有太大的差異。

但是，**為什麼會有「能幹的人和不能幹的人」、「成功的人和不成功的人」、「富人和窮人」這樣的差距呢**？

那是因為這些人沒有真正發揮出 100% 的實力。即使他們已經發揮 100% 的力量，卻依然無法成功或輸給了競爭對手，這是因為他們把力氣花在不適合自己的領域。

那麼，**哪裡是能讓自己發揮真正實力的領域呢？答案是：自己「真正想做的事情」。**

為了找到這一點，我們必須不斷問自己：「這真的是我想做的事情嗎？」將這些想法寫在筆記本上，就能明確區分出「真正想做的事情」和「其實不想做的事情」。

然後，果斷地捨棄那些「不想做的事情」吧。將精力專注於那個「真正想做的事情」上。**這種專注於一件事情的力量，會產生驚人的效果。**

例如，從**【圖 20】**可以看出，用水管的水來洗車可能沒問題，但要切割金屬是不可能的。但是，當水勢集中在一個點時，連金屬都切割得了。

同樣地，當人的精力專注於一個點時，也能發揮驚人的力量。如果你覺得自己「沒有才能」而放棄了，請再重新考慮一

圖20 集中於一個點，將產生驚人的威力

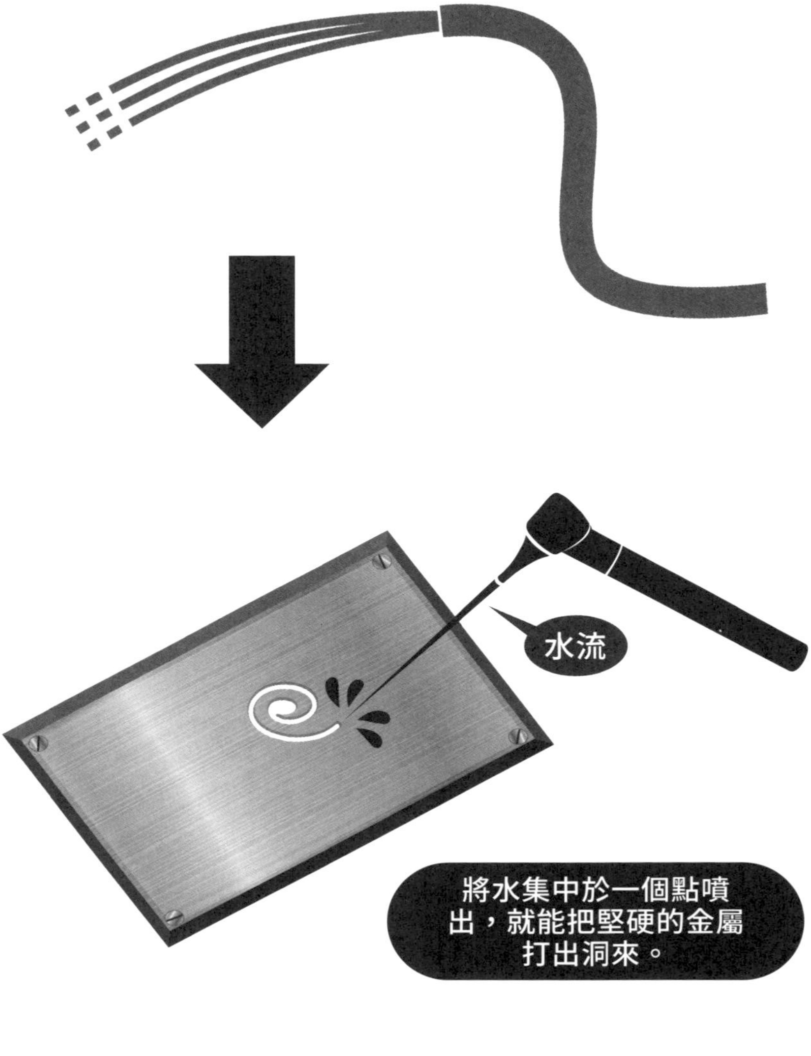
水流
將水集中於一個點噴出，就能把堅硬的金屬打出洞來。

下。你的內心深處一定蘊藏著足以成就非凡事業的能量。

因此，不要把精力分散到各種不同的事情上，而是專注在一件事情上，全力以赴才有效果。做自己不想做或興趣不大的工作，只能發揮自身實力的三分之一到一半而已。

反過來說，**如果你現在用三分之一的力量賺到年薪五百萬日圓，那麼找到自己真正想做的事情且全力以赴，就能將年薪提高到一千五百萬日圓**。

這樣一來，你已經達成「年薪三千萬日圓」目標的一半了。

讓技能躍升的「自問力」

光「照抄」沒意義

尋找自己真正想做和不想做的事情時，有個方法很有效，就是「自我提問」。

這個「自問能力」，在實際的商務活動中也是至關重要。例如：「這真的合適嗎？」、「這股金融勢力的動向意味著什麼？」、「這會不會是一種訊號？」、「我該怎麼看待這則新聞和我的關係？」

透過不斷地自問自答，自然能培養出問題意識。擁有問題意識後再去預測未來，自然能提升假設能力。

在商場或股市中，很多人都說：「模仿是成功的祕訣。」**確實，「照抄」成功人士的做法是通往成功的捷徑。**

不過，在「照抄」過程中，**我們還是要不斷地自我提問，帶著問題意識來建立自己的假設，最終才能真正把別人的方法，轉化為自己的成功之路。**

換句話說，關鍵在於有意識地自知「**即便是模仿別人的做法，最終也要將之轉化為自己的做法。**」接著便會進一步變成「咦？我以為我是在模仿別人，怎麼不知不覺間變成我自己的做法了！」

這就是成功的祕訣。

如果只是盲目地模仿別人而不經過思考，是無法在商場上取得成功的。因此，我們需要不斷提升對自己的「自問能力」。

自我提問，答案自現

「自問力」與「提問力」相似。但「提問力」更傾向於從別人身上取得答案。

擅長「提問」的銷售人員，會透過巧妙的詢問來挖掘對方的需求，並透過滿足這些需求來達成交易。

而「自問」則是在面對困難時，比如眼前出現一個很大的障礙，透過不斷自我提問來尋找解決方法。換句話說，不是向別人要答案，而是靠自己的力量設法解決眼前的課題。

當你面對的困難越大，或說當你越能想像「這個大障礙的後面，有一個巨大的成功在等著我」時，自我提問將會變得很迫切。

如此，你一定會想方設法拚命找出答案。

有時都快想破頭了，答案仍然出不來。這時，你不妨去書店找相關書籍來尋求解決方案。或者參加研習會，向講師詢問。

這樣一說，或許有些人會認為這不就跟提問力一樣？

不過，兩者的內涵完全不同。當你先自我提問，再去書店找書時，會很快找到有答案的書籍。**比起你去探索，這種感覺更像是答案自己迎面送來一樣。**

因為某種程度上，你幾乎已經掌握了答案，只是去書店進行最終確認而已。畢竟這個找書的動作，其實就是在「確認答案」。

向研習會的講師詢問也是一樣。如果你毫無準備地從零開始詢問，講師也不得不從零開始說明，這樣的答案會很零散。

就算你是真心想搞清楚，也無法得到完整的答案。反之，如果你是針對要點提出詢問，你將會得到精確的回答。

我也當過研習會的講師，因此深知這一點。當對方提出認真思考過的問題，我也會認真慎重地回答。因此，詢問者得到的回答會更有品質，解決方案會更清晰明瞭。這正是「自問力」最大的好處。

接著，提高收入就是囊中之物了

「自問力」的另一個好處是你能主動搜尋資訊，並進一步篩選資訊。

我經常在 YouTube 的直播中，被問到：「我讀了很多上岡先生的書，但沒辦法全部記住。是我的記憶力不好嗎？」

這些人可能誤以為自己的能力不足，但事實並非如此。幾乎沒有人能夠讀完一本書三天後仍記得全部的內容，通常其中的七到八成都忘光了。

各位知道德國心理學家艾賓浩斯（Hermann Ebbinghaus）的遺忘曲線（Forgetting curve）嗎？

如**【圖 21】**所示，人們記住的內容，二十分鐘後會忘記 40%，到第二天會忘記 75%。

艾賓浩斯的遺忘曲線是針對「儲藏資訊」的實驗結果，受試者是在強烈意識到必須記住的情況下接受測試。而我們平常的看書或看新聞則相對輕鬆，類似於隨意瀏覽。

也就是說，我們多半是在流動的過程中讓眼睛接觸資訊，而不是刻意去記住它。

因此，我稱這類資訊為「流動資訊」。比起儲存資訊，流動資訊只是一時的記憶，不會長久停留，會慢慢被大腦忘記。

人類大腦比我們想像的更有效率。

大腦一天消耗的熱量，比我們所有其他器官消耗的總熱量還要多。反過來說，如果我們把精力花在不會馬上用到的記憶上，大腦就會跑不動。

如果這樣，我們花時間在很快就會淡忘的流動資訊上，效果其實有限。因此，我自己通常只優先吸收那些能夠馬上應用在工作上的資訊，其他的就割捨。

這個方法稱為「略讀」（Skimming），是一種僅鎖定必要資訊的閱讀策略。在這個鎖定必要資訊再吸收的過程，「自問力」正好派上用場。

「這則資訊對於現在的我或是這次的工作，真的有必要嗎？」透過如此不斷地自我提問，自然能排除不必要的資訊，只留下必要的資訊。

這種方式也是一種「專準主義思考」。只要像這樣，**結合「自問力」、「略讀」和「挑選與專注」等方法，就能高效地收集必要資訊**。

說得極端一點，即便是閱讀本書，你也能採取略讀的方式，先看目錄來篩選必要資訊，藉此大幅提高你的工作效率。

圖21　人類很容易淡忘

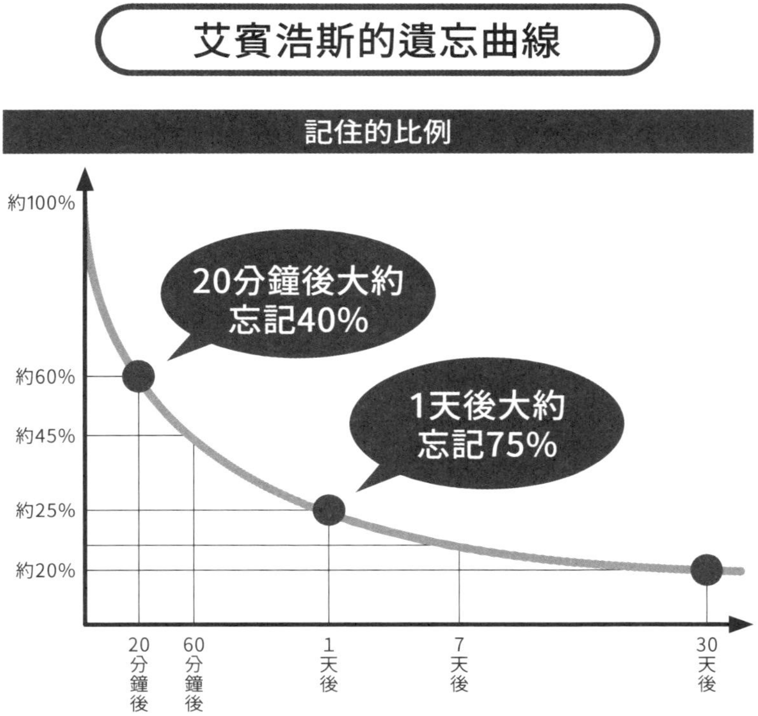
艾賓浩斯的遺忘曲線
記住的比例
約100%
約60%
約45%
約25%
約20%
20分鐘後大約
忘記40%
1天後大約
忘記75%
20分鐘後
60分鐘後
1天後
7天後
30天後

我們竟然這麼健忘！

回到本書的「強運」，當你越是努力發揮內在力量，排除「偶然」，爭取預期中的結果，你就越能吸引強運。

玩輪盤賭博時，球落在目標數字上是「偶然」，但工作上，我們可以靠自身的努力，將這些偶然盡量轉化為必然。

如果你能大幅提高工作效率，拿出翻倍的表現，就有可能將年薪從一千五百萬日元提高到三千萬日圓。

這個年薪一千五百萬日圓，是根據之前提到的，在找到自己真正想做的事情並全力以赴後，從年薪五百萬日圓提升到一千五百萬日圓的結果。接著，再次翻倍。

於是，初期目標即可達成。到這裡，你便跨越了取得強運、年收達到一億日圓的第一道關卡。

用「高速工作術」催出幹勁

「沒時間」是藉口

透過上述的說明，相信各位已經了解「自我投資」和「自問力」的重要性了。不過，有一個讓許多人躊躇不前的問題：「可是，我沒有時間吔……」

如果你的腦中浮上這個念頭，請立刻運用前面提到的「捨棄術」甩掉這個念頭。「做不到的理由」永遠說不完。如果你的理由是沒時間，不妨好好想一想「如何創造時間」、「應該選擇什麼」。

人生有限，能自由控制時間，是過上豐富人生的必要條件。

那些被日常工作和生活追趕，因而抽不出時間進行自我投資的人，應該立即實踐「高速工作術」。

高速工作術是一種利用大腦特性來加速任務處理的方法。只要了解如何將大腦的能力發揮到極致，就能以更快的速度完成工作和學習。

我是根據大腦科學的知識，來設計這個高速工作術，並用自己的成功哲學加以實踐。我不但是一名經營者，同時也是大學講師、商業作家、YouTuber，能夠身兼數職，都是拜高速工作術之賜。

利用高速工作術而節省下來的時間，我都拿來有效地進行自我投資。一旦建立起這樣的複利循環，任何人都能迅速地成長進步。

老覺得「沒時間」的人，其實只是不了解「創造時間的方法」罷了。

當你能夠掌控時間，就能增加「時來運轉」的機會。就像買一張樂透不如買一百張、一千張的中獎機會大一樣，能夠自由掌控時間的人，更有可能吸引「強運」。

因此，只要實踐高速工作術，你的工作及學習速度就能有驚人的提升，大幅增加可供自由運用的時間。

以下就介紹幾個高速工作術的要訣吧。

①不製造縫隙時間

我的高速工作術要訣之一是「不製造縫隙時間」。

我將一天分成四個工作時段：早晨五點到七點的超專注時段，以及上午、下午、傍晚時段。每個時段持續工作兩小時，並且全力衝刺。

一天四次，每次的衝刺時間固定下來後，非必要我不會離開座位去泡咖啡，或和同事聊天、出去散散步等。換言之，我極力避免移動，一開始就下決心不製造多餘的縫隙時間。

②善用「IOK 高速循環術」

高速工作術還包括三個環節的無縫接軌：① I ＝輸入（收集資訊）、② O ＝輸出（採取行動）、③ K ＝改進。在工作中不斷推動這個循環過程。

事實上，每個人在工作時都會經過「輸入」、「輸出」和

「改進」的循環過程。

舉個例子，假設你被選為一個新企畫案的負責人，為了拿到預算，必須在一週內做專案報告。這時你會先做什麼呢？

首先，你可能會將專案計畫改寫成簡潔易懂的企畫書，或是為了做簡報而看書學習企畫書的寫法。這個過程就是「輸入」。

接著，你會實際準備簡報的資料、編寫企畫書，這是「輸出」；然後，你會根據上司的意見進行「改進」。

所有工作都是以「輸入、輸出、改進」這套循環過程來推動的。而高速推動工作，就是盡可能快速地、無縫接軌地進行「①I＝輸入（收集資訊）、②O＝輸出（採取行動）、③K＝改進」這套循環過程。

相反地，那些做事拖拖拉拉的人，通常會在「輸入」上花費過多時間。只要上網查一下寫企畫書的方法，就會發現很多人用各自的方法說明該怎麼寫比較好。

當選項變多，你會不知道哪一種方法才適合自己，導致

「輸出」過程也耗費太多時間。此外，工作速度慢的人往往是完美主義者，總想要第一次就做到一百分，結果就拖慢了進度。

這種情況下，如果每個階段都有「改進」環節，就別要求第一次就做到一百分，而是先拿出六十分左右的輸出成果，再根據上司的意見或是進一步的輸入來逐步達到完美境界，我認為這樣才更有效率。

如此便能大大減少獨自糾結苦惱的時間，快速完成工作。我稱這種「輸入 × 輸出 × 改進」的快速運轉過程為「IOK 高速循環術」。

如果你覺得工作老是沒完沒了而煩躁，不妨善用這個「IOK 高速循環術」來推動工作。

③單點突破的專注力

如今，認真努力必有豐碩成果的時代已經結束了。我們需要的是單點突破的專注力，並且以此快速推進工作。而提高專注力的最佳方法是「經驗」。隨著經驗的累積，你自然能分辨出什麼是重要的。

不過，在當前的網路社會中，如果你還在等待「累積經驗」，會遭時代無情地淘汰。今天還有能力培養人才的，恐怕只剩下一些大企業了吧。

那麼，到底應該怎麼做呢？

為了提高專注力，你只能立刻展開輸出行動，別無他法。那些在工作中無法取得成果的人，往往是因為他們的輸出速度太慢了。特別是面對新工作的挑戰時，很多人會因為不安而躊躇不前。

的確，當開始「不熟悉的工作」、「高難度的工作」或「創造性的工作」時，我們會擔心自己是否具備必要的技能，並為了解除這種不安，不斷反覆地進行輸入活動，即吸收學習知識，而遲遲無法展開輸出行動，沒有做出任何成果。

其實，挑戰未知的事物時，無論你事前做了多少輸入，都無法避免失敗。

既然如此，倒不如早點失敗。經歷失敗，知道有所不足後，再去進行輸入活動，吸收學習新知，藉以不斷改進即可。

展開行動，即輸出，會讓你遇到各種問題。這些問題才是你必須優先輸入和學習的重點。這點很重要，而且適用於任何工作。如果你不知道應該專注於什麼，建議你在輸入之前，先從探索小失敗開始。

「專注力」是高效工作的前提，是不可或缺的技能。不過，可能有讀者會這樣想：「我也知道要專注，但我還有一大堆事情要做，根本沒辦法集中精力。」

的確，即使知道日常工作中什麼是更重要的，卻因為速度慢、無法集中精力，從而無法取得成果，這樣的人並不在少數。

遇到這種情況時，可以從大腦科學的角度，考慮如何讓神經傳導物質「多巴胺」大量分泌出來。

當我們做有趣的事情、感到興奮，或是受到時間壓力時，會大量分泌多巴胺。當我們體驗到成功時，也會大量分泌多巴胺。

因此，我們可以運用前面提過的「自問能力」，向自己提問：「這個專案應該這樣做才會更有意思吧？」

我們已經知道，當多巴胺對主司思考能力的前額葉皮質產生作用，就能提高專注力和幹勁，如果這種狀態持續下去，就能達到所謂的「心流狀態」，亦即極度專注、渾然忘我的狀態。此外，多巴胺還會影響海馬迴和杏仁核等大腦部位，進一步提升記憶力。

「高速工作術」的訣竅，就是讓多巴胺大量分泌出來。

如果你在工作中遇到困難，不妨以「該來分泌多巴胺囉！」的心情輕鬆以對。如果你想了解更多關於高速工作的技巧，可以參考我的著作《高速工作術：以最快的速度完成你想做的一切》*。

* 《高速工作術》（自分のやりたいことを全部最速でかなえるメソッド高速仕事術），ascom，2021 年出版。目前無繁體中文版。

以副業大幅增加收入

尋找能發揮長才的副業

達成年收一億日圓的另一個途徑便是「副業」。如果正職的目標是年薪三千萬日圓，那麼副業就以年收一千萬日圓為目標吧。其他的六千萬日圓則靠股票投資（第 5 章）。

最近，日本政府和企業都開始接受員工從事副業了。厚生勞動省於 2019 年制定「促進副業與兼職指南」，並公布相關規範，後來於 2022 年 7 月進行第二次修訂。根據日本轉職人力資源公司「DODA」於 2023 年 3 月公布的「副業實態調查」，有 25.3% 的公司允許員工從事副業，表示相當於四分之一的公司已經接受副業了。

先前提過，現在的公司不會再照顧員工一輩子，因此可以預見日後會有更多企業允許員工從事副業。

而且，目前可在網路上找到很多副業的媒合服務。從當地配送員這類簡單的兼差工作，到發揮專業技能或興趣長才的工作如程式設計、行銷、影片剪輯等，種類繁多。

因此，在這個時代，任何人只要願意，就可以從事副業。對於想追求年收一億日圓的各位來說，無疑是絕佳的機會。

「副業」不是隨便做什麼都好

然而，現實中，我認為有些人是「應該從事副業的人」，有些則是「不應該從事副業的人」。

「應該從事副業的人」指的是透過自我投資已經將正職收入提升到一定程度的人。例如，已經完成轉職、技能提升或職涯提升，難以再增加年薪的人，可以考慮開始從事副業。

至於「不應該從事副業的人」，則是那些在正職上仍然困難重重的人。正如俗話所說的「魚與熊掌不可兼得」，如果在正職收入還未穩定之前就開始副業，可能會兩邊都做不好。

此外，副業也分為「應該從事的副業」和「不應該從事的副業」。**「應該從事的副業」要能對你的正職有所幫助。**

比方說，我從事 YouTuber 這個副業，並不是為了廣告收入。截至 2023 年 1 月，我的頻道訂閱數超過二十四萬人，但考量到每天上片所花費的心力，這樣的 CP 值並不算好。

但是，我繼續當 YouTuber 的話，對我經營公關行銷公司這個本業，乃至商務用書作家這個身分，全都大有幫助。

要在 YouTube 發布高品質的影片，就得每天收集資訊，即進行輸入活動。

目前，我的影片內容以股票投資為主，例如投資人會遇到的問題，成功與失敗的原因等，這些過程都很值得參考，也必會提升我身為投資人的技能。

當我以 YouTuber 身分做出成績，不斷輸出各種資訊後，就能為我的公司招來更多影片行銷業務和 YouTube 顧問業務。

我也能向客戶提出嶄新的 YouTube 行銷方法。當然，這些也能應用在我的寫書工作上。

諸如此類，我建議各位所從事的副業，必須是能夠直接幫助到你的本業。反之，**「不應該從事的副業」是指那些與本業無關，無法提升個人技能，只是單純出賣時間和精力的工作**。

讓我再說明一下副業與技能提升的關係。

持續壯大自我投資的「複利」

如果你從事副業的目的，是為了應付急需的生活費，那就另當別論，否則，從事與本業無關的工作，如外送、按摩等，只是在浪費時間。

不如利用這些時間來讀書、專心研究有意義的影片，或是參加研習會和學校課程等，長期來看，這種本業上的自我投資將帶來「複利的回報」。

我認為，自我投資具有「複利」效果。

舉例來說，我在我的著作《投資腦：生財之道》* 中，說

* 《投資腦：生財之道》（投資 一生お金に困らない頭を手に入れる方法），SUBARU 舍，2023 出版。目前無繁體中文版。

明「投資賺錢的人」（＝有「投資腦」的人）和「投資不賺錢的人」（＝有「消耗腦」的人）之間的差別。

簡單說，這個差別就是「是否每天都在成長進步」。

假設一個人一天成長 1%，那麼一年就會成長 38 倍**【圖22】**。

如果和你站在相同起跑線的競爭對手，每天都沒有任何成長進步，那麼一年後，你就能拉出 38 倍的大幅差距。這就是「複利」的效果。

而且，如果你每天都成長進步 1%，十年後或二十年後，數字將十分驚人。**相反地，如果每天退步 1%，那麼一百分的力量，一年後將只剩下「三」分。**

這種「複利」概念是股票投資不可或缺的知識，詳情可參見本書第 5 章。我也是透過這種複利曲線，將一點點錢增加到六億日圓。

選擇對本業有幫助的副業

發展副業時，方向正確很重要。如果方向正確，小小的努力也能帶來巨大的價值。

但如果方向錯誤，任何努力都無法對你的生活產生重大影響。例如，花時間和精力上網轉賣物品，即使賺了些小錢，只要你沒打算把它變成本業，付出的時間和努力就會變成浪費。

今天，社交媒體上充斥著各種宣稱能輕鬆賺錢的廣告，例如「每天只需用手機做十分鐘，就能月入三十萬日圓！」、「提供個別諮詢，直到你每月賺三十萬日圓為止！」

可千萬別上了這類輕鬆賺、必定賺、馬上賺的當！**老實說，沒有什麼魔法般的捷徑可以「迅速致富」**。

另外，在群眾外包（Crowdsourcing）平台上很容易找到資料輸入或寫作等工作，但這些工作同樣需要慎選。

比方說，「網路寫作」聽起來不錯，但單價低廉，難以提高技能。一字一日圓的工作，你花了一小時寫出一千字又有什

圖22 複利的威力太大了！

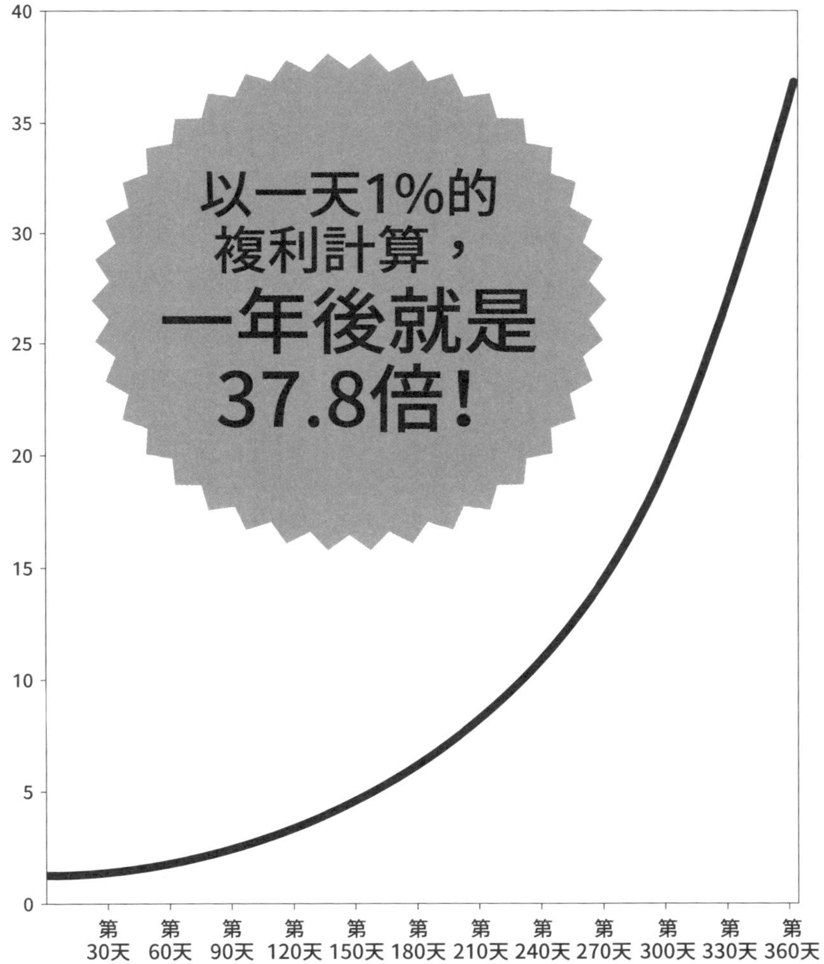

麼意義呢？如果你想以寫作為副業，建議你利用 note* 這個文字創作平台，分享你的個人經驗或成功心得來賺錢。

一開始可能賺不到什麼錢，但這能幫助你學習更多經營與行銷技能，透過不斷嘗試與修正來提高寫作能力。

如果是程式設計、影片編輯、網頁設計或 YouTuber 等副業，即使與本業無關也值得一試。

這些技能雖即便與你目前的本業無關，日後很可能會成為你職涯中的寶貴資產。例如，利用影片或在網路上介紹自家商品、開發新服務項目而必須管理外包人員時，程式設計能力就會派上用場。

透過這些副業提升相關技能後，不但能為你的公司或團隊做出意想不到的貢獻，還能幫助你在就業市場上成為更具吸引力的人才，也就更容易跳槽到理想的工作。

---

* 編按：note 為日本最知名的內容創作平台，2022 年上市，以拒絕廣告為特色，創作者可為文章訂價，讀者也能付費訂閱，很類似台灣的 Medium、方格子等平台。

因此，選擇「對本業有幫助」、「能夠提升技能以利轉職」的副業才聰明。

前面提過，不論本業或副業，你可以透過努力將「偶然」變成「必然」，從而實現你所期望的結果。「偶然」可能是上天賜予的「幸運」，而「必然」是透過努力創造的「強運」。如果副業能夠提高本業的技能，並進而提升本業的收入，那麼就無需在副業上強求更多的收入。

起初，我們設定了本業年收三千萬日圓、副業一千萬日圓的目標；但如果本業的年收能夠達到三千五百萬日圓，那麼副業有五百萬日圓也就夠了。

第5章

投資股票，實現破億目標

股市小白也能 99%穩賺的投資祕訣

股票暴跌時進場

年收達到一億日圓的最後一個方法是——股票投資。

我常在自己的 YouTube 頻道上分享有關股票投資的內容，其中包括一些可以幫助新手提高勝率的方法，大約可以提升 10%～30%的勝率。

此外，我也會分享一些特別的資訊。如果我在投資之初就知道這些祕訣，我應該會更早達成年收一億日圓的目標吧。

掌握這些祕訣後，接下來就靠各位讀者及 YouTube 粉絲的「努力」、「成長」，以及「運氣」了。

不過，這裡的「運氣」，並不是賭博的運氣。舉例來說，在擲骰子遊戲中，猜中數字總合為偶數或奇數的機率是50%。假設有一千人參與這種賭博遊戲，他們將所有資金押進去，猜中資金就翻倍，猜錯就輸光。

那麼，根據50%的機率，第一次賭博後會剩下500人，第二次賭博後剩下250人，第三次賭博後剩下125人……，人數如此遞減，到第十次賭博時，就只剩下1人了。這個人在這場遊戲中十連勝，資產翻了一千倍。

最後這名幸運者無疑是「強運人」。而在這個「強運人」的背後，有999個人「運氣不好」，輸光了他們的資金。如果你毫無準備，只是憑運氣玩這種賭博遊戲，你很可能會是這999人中的一個。

不過，如果你實踐接下來要介紹的「99%股票穩賺術」，你就能自己掌握這種「強運」。首先，如果你才剛要投入股市，或者你是初級和中級投資人，你應該了解這些「應該做的事」和「不應該做的事」。

投資股票當然要賺錢，但你在學習如何賺到錢的同時，也必須學會如何不賠錢。

否則，就算你賺到了錢，也不保證下一次不會賠本。這對以上億年收為目標的你而言，根本是本末倒置。因此，投資股票既要學習如何贏，也要學會如何避免損失。

我二十五年前開始投資股票，到三十多歲時已經累積六億日圓的資產，其中三億日圓是靠股票賺來的，另外二億日圓來自不動產投資，一億日圓來自開公司。此外，我還出版了大約二十本股票投資相關書籍。

基於這些經驗，我要在這裡介紹「99％股票穩賺術」。**從結論來說，就是「在股票暴跌時進場」。**

我從事股票投資至今，經歷了三到四次大規模的市場暴跌**【圖 23】**。

第一次暴跌發生在 2000 年到 2002 之間的網際網路泡沫風暴時。

我當時才剛玩股票，完全是個投資小白，甚至還讀了專為新手寫的股票投資入門書籍。不過，由於我是在市場暴跌時進場，之後碰上小泉純一郎主政下的多頭行情，我得以將二百萬日圓的本金迅速增加到一千萬日圓。

圖23　股市行情大暴跌

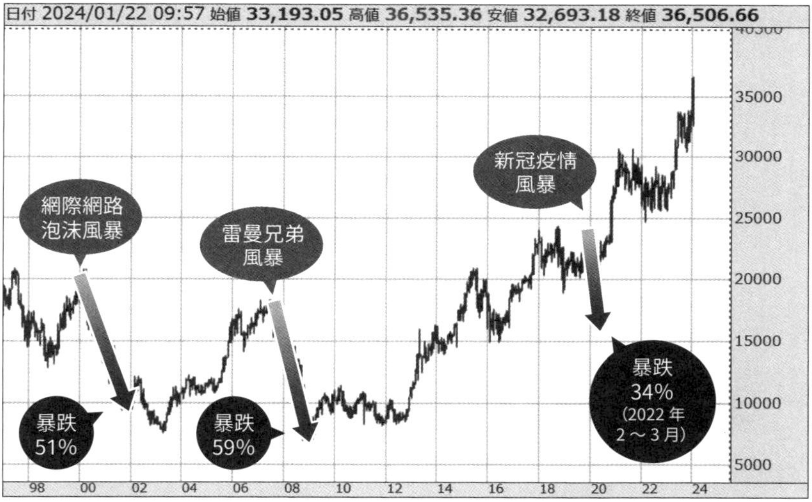

圖表出處：株探（https://kabutan.jp/）

人的一生中，可能會經歷五次重大經濟危機或市場崩盤！

後來，2008 年發生雷曼兄弟風暴，接著經過 2012 年開始的安倍經濟學，又再於 2020 年遭受新冠疫情的衝擊。此外，2015 年還發生了規模較小的中國股市暴跌。

大規模的市場下跌通常跌幅為 50 ～ 60％，小規模的跌幅約為 25 ～ 30％。因此，**連新手都能獲利的「99％股票穩賺術」，其訣竅便是「逢低買入」**。

連專家都難掌握市場走勢

很多靠股票累積豐厚資產的「億萬富豪」，都是慎選下跌行情時進場，藉此獲得巨大的收益。

我認為做當沖或短期波段交易的股民不太賺得到錢。因為股票市場就像擲骰子一樣，即便是經驗老到的行家也無法準確預測動向。

像我這樣有二十五年股票投資經驗，並且靠股票累積三億日圓資產的人，老實說，也沒辦法精準預測市場走勢。

唯一能夠預測的，就是這種「市場暴跌時」。特別是如**【圖 23】**所示，當市場下跌 30 ～ 50％時，股價通常會隨後上揚。

這點在圖表中一目瞭然。

不過，在我二十五年的股票投資生涯中，這種大規模的市場暴跌大約只發生過三到四次。此外，小規模的市場暴跌每年大約只會有一次。綜合來看，在這二十多年間，市場暴跌的大小次數加起來大約二十次左右。

我趁著二十次暴跌時買進，然後等價格上升時賣出，就這樣累積了六億日圓的資產。我認為這也是許多致富股民所採取的必勝策略。

資深股民知道何時是決勝點，能夠在絕佳時機進行交易並且獲利。如果各位能進一步掌握循環市場的特性，就能不斷增加資產運用的機會。

例如，先是小型股，然後是熱門股和主題股，接著是景氣敏感股，最後是服務業、醫療、生物科技和銀行股等，當股票暴跌後，就是以這樣的順序輪番上漲的**【圖 24】**。

股票投資中，有一個概念叫做「期望值」。期望值是指權衡風險與回報後，從而提高成功機率的指標。

以**【圖 24】**為例，如果在暴跌後的股價上漲期，一開始就買入銀行股可能會虧損，但在最後買入就很可能會賺錢，因此應當最後再買。服務業也是如此。應該思考「在暴跌後轉為上漲行情時，先買哪一支股票的賺錢機率較高」，慎選「賺錢機率高的股票及買點」再投資。

依照這個順序，像爬樓梯般，在暴跌後逐步轉移資產，就能不斷擴大獲利的機會。

成功的投資家並不是靠抓住十倍股（股價增長十倍的股票）來獲利，而是透過不斷尋找這些有「期望值」的股票，逐步累積獲利。

人們稱這類人身上帶著「強運」，但說穿了，這份「強運」是因為他們整體上做到了「不賠錢的投資」。

接下來，我想介紹兩句股票投資格言。

第一句格言是：**「行情於悲觀中誕生，於希望中衰退。」**

意思是，股票行情通常在持續走跌的時候形成，之後會持續上升，到達顛峰時又再次開始走跌。所以當股價上漲，眾人興奮地說：「果然玩股票會賺錢呢！」、「我也來玩股票吧！」這時候最好趕快賣掉。

圖24　暴跌後買進的順序

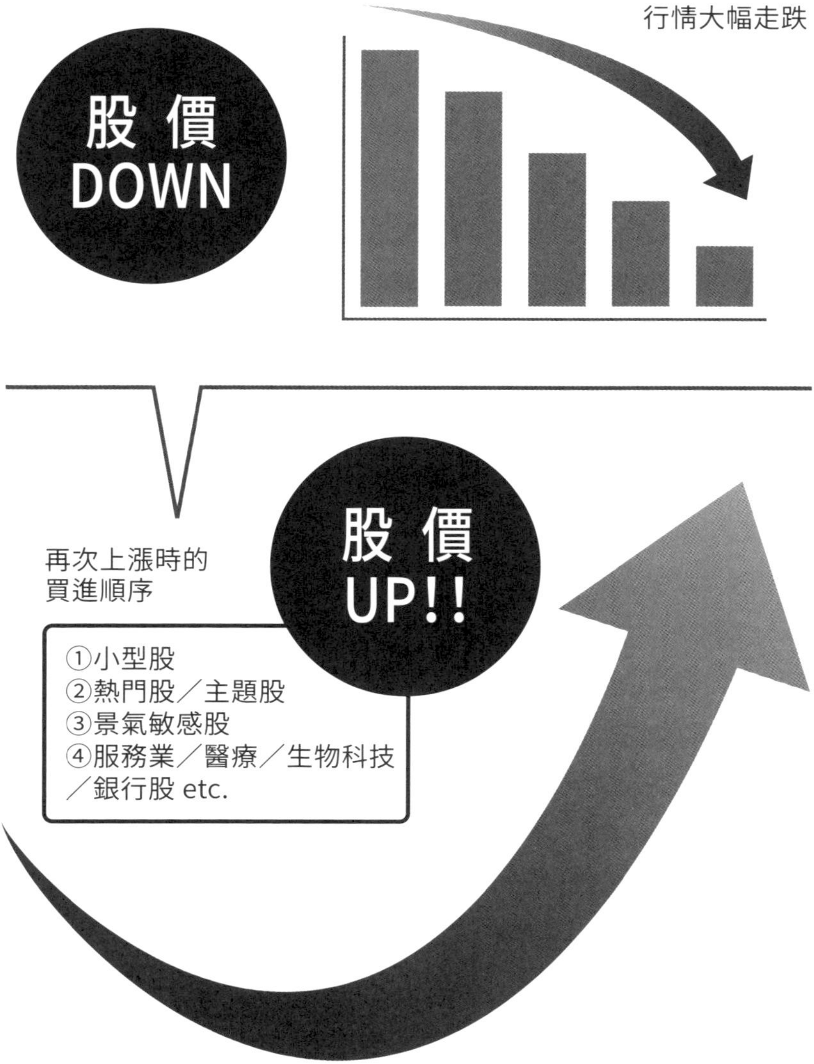

這句格言來自一則有名的故事。當年老約瑟夫・派屈克・甘迺迪（前美國總統約翰・甘迺迪的父親）聽到連擦童都開始對股票投資感興趣時，就判斷市場即將崩盤而賣掉了所有的持股；結果如他所料，股市大崩盤，世界經濟大蕭條隨之而來。

第二句格言是：**「別人不走的路，往往花團錦簇。」**

意思是，投資人往往跟隨大眾的心理而行動，但這樣很難獲得大成功，不如反其道而行才更有成功機會。

投資界的格言中，常能看到這樣的金玉良言。如果你在書上或其他地方看到這類格言時，請筆記下來，當成一種學習，對你絕對有幫助。

接著，我來說明為什麼許多投資人會「賠錢」。

九成股民
都賠錢的原因

為什麼這麼多投資人賺不到錢？

其實有高達九成的股民都在賠錢。

於是有人覺得股資根本沒意義，只會虧錢罷了。但是，如果你以年收一億日圓為目標，就應該進行投票投資。

不想賠錢的話，就不要成為會賠錢的那九成人，要成為會賺錢的那一成人。

賠錢自然有其原因，而正是這些原因讓你錯失了成功的「強運」。

那麼，我就介紹一下為什麼九成的投資人會賠錢。

賠錢的主要原因有下列十個。

①金融素養低
②不學習投資知識
③不進行分散投資
④一次投入大筆金額
⑤不知道自己的致勝模式
⑥頻繁地進行短期交易
⑦不做停損
⑧沒有充足的資金
⑨不看長期趨勢
⑩不利用複利效果

下面，我將一一介紹背後的原因。

①金融素養低

眾所周知，日本人的金融素養偏低。美國人從小學就開始學習金融知識。當然，美國投資人口比日本多得多，所以金融教育起步得很早。

近年日本也開始提前進行金融教育，但相比於美國仍然落後許多。

美國之所以投資人口多，是因為自 1987 年「黑色星期一」的大崩盤後，股市近半個世紀以來一直穩步上揚。基本上，只要買了股票，資產便能自動增加（但不確定未來是否如此）。

因此，相對於日本人，美國人對投資的信任度更高。

另一方面，在日本，儘管最近投資人口增加，人們不再那麼抗拒，但骨子裡仍對投資存著負面印象。

有些人依然認定投資就像賭博、想不勞而獲賺錢的人是懶惰的，或是認定金錢應該是靠流血流汗打拼賺來的。

我自己經營公司，非常了解勞動的重要性。

但是，認真進行股票投資也要付出努力，也會冒冷汗，這和靠勞動賺錢是一樣的，所以我認為今後所有人都應該提高金融素養。

學校教育是政府的責任，不是我們普羅大眾能控制的問題，但至少打算開始投資股票或真心想藉投資賺錢的人，都該認真學習投資知識。

找到適合你的投資方法

②不學習投資知識

投資失敗的主要原因之一，就是不學習投資知識。

學習股票投資的方法百百種，除了閱讀專業書籍，YouTube 上也有大量的影片值得參考。

新手的話，建議先閱讀十本專業書籍，或是每月觀看十五到二十部影片，之後再開始投資才更有勝算。

有機會的話，多聽聽投資成功人士的故事也很有幫助。不僅要聽他們的成功經驗，聽他們的「失敗經驗」也同樣重要。

靠投資成功的「億萬富豪」，肯定遭遇過重大的失敗。因為經歷過越多失敗的人，往往成長得更多。股票投資也一樣，失敗經驗會成為通往下一次重大成功的階梯。

親身經歷多次失敗本來是件好事，但對某一些人來說，卻沒有足夠的時間來經歷這些失敗，對沒有太多時間的人來說，如果經歷太多失敗，很可能會不小心花光本金。

因而聽取成功人士的失敗經歷，可以間接體驗這些失敗，避免重蹈覆轍。

各位在閱讀投資雜誌中的投資人訪談，或是億萬富豪的著作時，應特別注意「失敗」部分。

也可以參加股票投資課程，但我個人不太參加這類課程。

我不是否定這些課程，而是我認為，與其花三十萬日圓參加課程，不如花十萬日圓購買專業書籍來深入研究，再用剩餘的二十萬日圓來投資，這樣才會更快獲利。但這純粹是我個人的想法，絕不是在否定上股票投資課程的意義。

五種分散投資類型

③不進行分散投資

投資失敗的第三個原因是不進行分散投資。投資股票時，分散投資是非常重要的觀念。

分散投資可以分為五種類型：(1) 時間的分散、(2) 資金的分散、(3) 業種及股票的分散、(4) 國家風險的分散、(5) 風險的分散。

一一說明如下。

(1) 時間的分散

假設，你因為今天股價下跌而將資金全押在同一支股票上。可是，你怎麼知道明天不會繼續跌呢？搞不好後天還跌得更慘也說不定。

運氣不好時，今天會是股價的高點，然後一路跌跌不休。

我認為股價不可能永遠下跌，但如果買進後價格慘跌，陷入賣也賣不了的「套牢」狀態，那麼當真正的機會來臨時，就會因無法賣股變現而錯失良機。

為了避免這種情況，千萬不要一次集中購買一支股票，而是分散資金，比如買進一支股票後，過兩個月再買另一支股票，再過半年、一年後再買，分批買進。

(2) 資金的分散

我投資股票時，從來不會一次性地投入所有資金。前期通常投入的金額約在二千萬至五千萬日圓之間（約新台幣 423 ～ 1058 萬元之間）。之後再根據情況追加五千萬或一億日圓（約新台幣 1058 ～ 2115 萬元之間）。這種做法跟時間分散一樣，藉保持充裕的資金來控管風險。

(3) 業種及股票的分散

相信大家都明白不應該集中投資於單一股票的原因，同樣地，集中投資於單一行業也會帶來很大的風險。例如，集中投資於銀行股的話，萬一碰上金融危機，銀行股普遍下跌，你所投資的股票就都會賠錢。

或者假設你看好航運前景而全押在航運股，但 2023 年底發生反以色列組織在紅海襲擊船舶的事件，導致航運股全面下跌。雖然後來股價修正了，但誰知道什麼時候還會不會發生這種不可預測的事件。

許多初級和中級投資人無法獲利的原因之一，就是未能分散投資於不同的股票或業種。即便做了分散投資，但只分散到兩、三支股票，等同於沒有分散，因為如果其中一家公司倒閉或股價未如預期上漲，投資人將承受 33%的風險。

因此，初期最好是廣泛且小額地分散投資，稍微拉長時間來累積獲利，這才是明智之舉。

投資股票應當拉長投資期間，就算有時失敗也要繼續累積經驗，才能磨練出優秀的投資技能。投資是一個相當複雜的過程。可能有人認為這樣拉長時間會永遠無法達到年收一億日圓的目標，但正如俗語說的「欲速則不達」。

雖然做生意講求速度，但股票投資有風險，必須花一些時間磨練投資技巧才不會吃虧。等練功練好了再好好贏一場也不遲。

(4) 國家風險的分散

分散投資國家的這項建議，主要是針對投資美股等海外股票與共同基金的人。

雖然日本投資人最近也可以買美股了，但向來穩定成長的美股已有放緩跡象。尤其是抑制物價上漲的利率政策，導致股價經常大幅下跌。

因此，一直穩步上揚的美股，未來是否仍會持續上揚，沒有人知道。

即使看好美股前景而將資金全押在上面的人，有必要將部分資金投入日股以分散風險。而那些投資中國和印度等新興國家股票的人更應當如此。

世界上仍存在著許多地緣政治風險，比如：俄羅斯入侵烏克蘭，以及以色列與阿拉伯國家之間的戰爭等。所以集中投資新興國家，恐怕資產損失的風險很高，建議還是分散投資於美國、日本等相對安全國家的股票才明智。

(5) 分散風險

結合上述 (1) 至 (4) 的分散投資方法，自然會分散風險。

你的致勝模式是什麼？

④一次投入大筆資金

投資失敗的第四個原因是「每次投入的金額太大了」，前面已經說明過小額投資、分散投資的重要性，這裡不再重複贅述了。

⑤不知道自己的致勝模式

投資失敗的第五個原因，也是分出高級與初、中級投資人的關鍵點：知不知道自己的致勝模式。

投資股票跟做生意一樣，都要進行 PDCA 循環。制定計畫、進行投資，不論成功失敗都要檢討內容，將心得應用於下一次的投資上。

不斷重複這套過程，你最終會找到自己的致勝模式。這種致勝模式不是從一兩次投資經驗中產生的，至少要透過一百次的投資，才能建立起一套自己的投資價值觀。因此，你必須努力追求下去。

為什麼是「一百次」呢？因為股票投資有時候是「碰運氣」獲利的。許多投資人以為這個「碰運氣」就是他們的致勝模式，結果就輸得很慘。

反之，成功的投資人已經學會一種具有重現性、幾乎百戰百勝的投資模式了。這個致勝模式是大量經驗的結晶。換句話說，他們不是等待「強運」，而是自己創造「強運」。

與專業投資人對做不會贏

⑥頻繁地進行短期交易

投資失敗的第六個原因是「頻繁地進行短期交易」。意思是如同做當沖一樣，老是掛在電腦前盯著行情波動，頻繁地買進賣出。新手要是這樣做，肯定賠錢。

股票投資是一場與貪婪的對戰。過於急功近利的話，股市往往會朝反方向發展而造成你的損失。當股價下跌，隱藏的損失逐漸加大時，你如果不願意承擔損失，就很可能錯過應該停損的時機。

或者，當某支股票的價格急劇上漲時，你擔心錯過機會而急忙買進，結果往往下一刻股價開始下挫，等於你買在高點而失利。

通常帶動市場的專業投資人，如機構投資者，都是看準股民的心理來進行股票交易。

常見的情況是，當很多投民湧入某支股票，讓股價急劇上漲時，機構投資者就會大量拋售該股票，導致股價迅速下跌。這種操作可說司空見慣。

換句話說，頻繁地進行短期交易，等同與這些專業投資人正面對決，不可能勝出的。基本上，**散戶唯一能夠戰勝專業投資人的方法，就是利用時間優勢**。

市場不會跑掉。即使你想休息一年再出發，市場依然存在，擁有這種從容心態來做投資最好。

成爲能夠停損的人

⑦不做停損

投資失敗的第七個原因是「不做停損」。

停損是指自己設定一個規則，當股價下跌到一定程度時，為避免蒙受更大的損失，例如股價跌幅超過 10%，就自動賣掉股票。

這樣即使出現 10%的損失，也能避免未來可能的更大損失，比方說當股價下跌 50%，提前停損即可減少後面 40%的損失。

股票投資經驗還很淺的人往往不願承擔損失，或者抱持很快會再上漲的樂觀想法，結果常常是錯過賣出時機而慘賠。

作為一名腦科學家，我從神經科學的角度分析，認為無法進行停損主要有兩個原因。

一個是「損失回避偏差」（Loss Aversion Bias）。

從事股票投資，人人都希望獲利賺錢，同時不希望損失賠錢。假設賺了五萬，隨後卻損失五萬，一來一去歸零，並沒有實質的損失，但後來損失五萬這件事會對大腦造成不小衝擊，讓股民陷入慘賠的感覺。

無法停損的另一個原因是「沉沒成本偏差」（Sunk Cost Bias）」。

沉沒成本指的是無法回收的成本。以股票投資來說，表示持有一段時間（如一年或三個月）的股票下跌後，投資人感到一年的努力都白費了，這種後悔情緒會導致他們無法果斷賣出，結局是錯過停損時機，而繼續持有虧損的股票。

這兩種偏差心理，都會使一般股民在該停損時屢屢猶豫不決，最後白白蒙受不必要的損失。

從大腦科學的角度來看，人類天生就是無法進行停損的動物。

這樣的我們要如何才能成為勇敢停損的投資人呢？我認為有兩種方法。

第一個方法是制定停損規則。比如設定 5%或 10%的跌幅限制，或者當股價跌至某個自訂的整數時進行停損。

如果使用網路證券進行交易，可以輕易設置停損，所以買進的同時設定好停損規則，就能自動執行。

執行這個規則時，絕對不能有「這次特別破例，不進行停損」的例外。一旦允許例外發勝，之後就會不斷拖延而無法停損。我自己也有過相同經驗，很清楚這種想要破例的心理。

能夠停損的另一種方法是綜觀整體來考量利益。

一旦做好分散投資，即便你將某支股票進行停損，而產生了一些損失，只要其他股票的獲利超過停損股票的損失，整體來說仍是獲利的。

億萬富豪等級的股資人，絕大多數都會從整體來考量利益。

股票投資不可能百戰百勝，因此綜觀整體來看極其合理。

職業棒球聯賽也同樣採用這種概念。

知名教練不會追求全勝。全勝本來就是不可能的，他們會判斷哪些比賽能贏，或者哪些比賽即使輸了也能繼續比下一場。

只要最終勝率高出其他隊伍 1%即可，以總體來考慮，刻意接受能輸掉的比賽。這個「輸掉的比賽」，換成股票投資就相當於停損。

懂得考量總體利益，自然能大幅減輕對停損的抗拒感，請務必實踐看看。

避免跟專業投資人直球對決

⑧沒有充足的資金

股市有句格言「掉下來的刀子不要接」。意思是當股價急劇下跌時，有人以為股價已經跌夠了，接下來會上漲，於是趁機買入，結果股價繼續跌而慘賠。這種行為如同伸手去接天上而降的刀子，肯定受傷嚴重。

換言之，若在情勢未明前僅憑感覺投入所有資金，等到日後真正的機會來臨時，便沒有投入的資金了。

所以即使市場暴跌，我也只投資持有資金的五成，剩下的五成保留在手中。這麼做是為了下一次大機會來臨時，隨時有資金可以投入。

股票投資切忌「焦慮」。沒有充裕的資金，難免會產生焦慮。焦慮的投資人 99％會賠錢。反之，如果手上有充裕的資金，並保持心態上的從容，就能避免倉促買賣，從而降低損失的可能性。

⑨不看長期趨勢

這可能是十大失敗原因中最重要的一點。

長期趨勢顧名思義，就是相對長期地持有股票，慢慢累積獲利。前面已提過頻繁交易的缺點，而散戶的優勢就在於可以長期持有。

我們的對手是國際機構投資者、對沖基金和退休基金等專業投資人。

這些專業投資人也有弱點。他們負責管理投資大戶的資金，必須在每個月或每半年展示成果。因而即使這段期間市場表現不佳，出現未實現的損失，他們也必須強行交易以求獲利。

我們散戶不一樣，如果市場一時表現不佳，只需耐心等待市場恢復即可，無需強行操作，甚至能利用專業投資人大量拋售，導致股價下跌的時機撿便宜。

機構投資者之間的競爭相當激烈，是一群菁英中的菁英在互相較量的世界。散戶如果進行短期買賣，很難戰勝這些專業投資人。

因此，與其在他們擅長的領域內正面交鋒，不如將他們引入我們擅長的長期投資領域內。這是我們散戶戰勝專業投資人的唯一方法。

當然，短期獲利也很重要，但首先應掌握中長期投資的方法，建立自己的致勝模式後，再逐步探索短期獲利的方法。

複利是「人類最偉大發明」

⑩不利用複利效果

投資人失敗的最後一個原因是「不利用複利效果」。

提出相對論的知名科學家愛因斯坦，曾讚美複利是「人類最偉大的發明」。

簡單說，複利就是將投資所得的利潤，重新投入到下一次的投資資金中，或是指透過這種方法產生的獲利。

每次獲得利潤後，投資的本金就會增加，使得從中獲得的利潤進一步增加。

反覆進行這個過程後，如**【圖 25】**所示，利用複利進行投資與未利用複利的投資相比，最終資產金額會出現顯著的差異。

複利對於定期定額投資非常有效，我也是將股票投資所得的利潤，包括股息，全部再次投資到股票中。

藉由這個複利效果，我光靠股票投資就累積了六億日圓的資產。總之，如果希望透過股票投資大幅增加資產，就必須利用複利效果。

當然，有時會因為房屋貸款或子女教育費用等需要，不得不暫時從證券帳戶中提取資金，但我想強調的是，盡可能將剩餘的利潤再次投入，充分利用複利效果來增加收益，是股票投資成功的祕訣。

以上是「九成投資人賠錢的原因」。基本上，如果能避免這十個原因，你便能成為「那一成有賺到錢的投資人」。只要改變你對投資的意識、想法和大腦運作模式，你也能從「不幸的投資人」變成「強運的投資人」。

圖25 單利與複利的差異

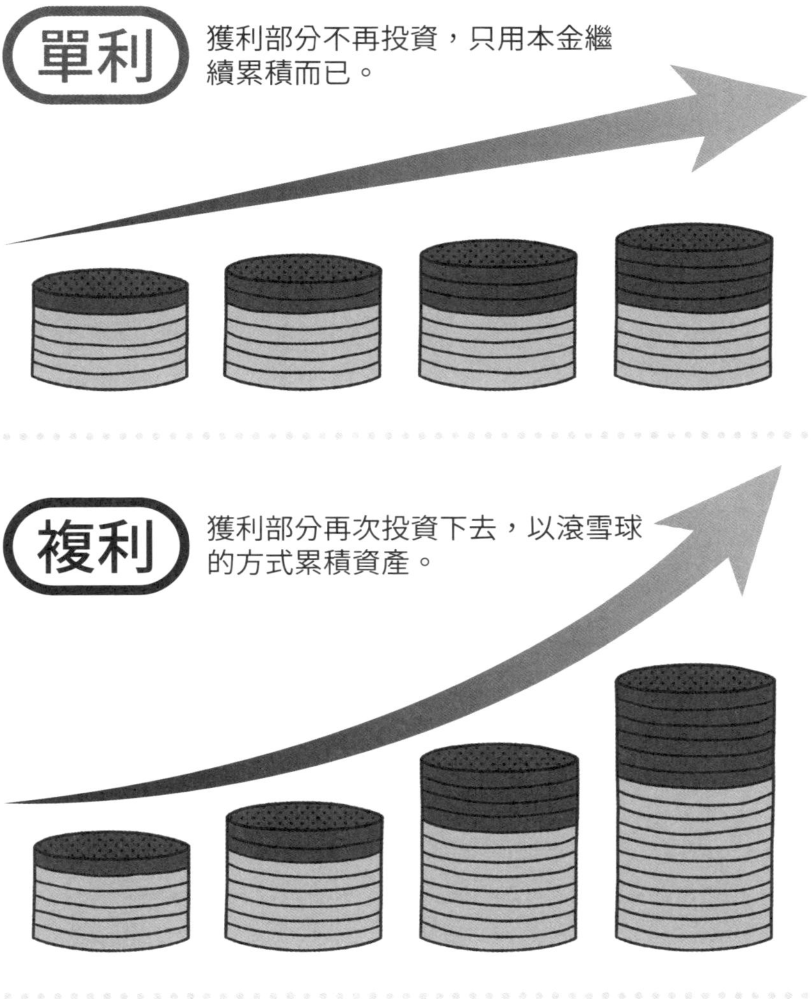
單利
獲利部分不再投資，只用本金繼續累積而已。
複利
獲利部分再次投資下去，以滾雪球的方式累積資產。

光靠投資
也能獲得上「億」身家

投資小白也能收入破億

雖然我已透過股票投資累積三億日圓的資產，但在二十多年前開始進場時，我是個不折不扣的投資小白。因此，達成「破億」目標花了我十多年的時間。

今年，是我投資的第二十五年，包括不動產投資和公司經營，我的年收超過一億日圓，持有的資產總額超過六億日圓。

本書最後，我想分享我自己的方法，幫助有志於年收達到一億日圓的各位，透過股票投資來實現「破億」目標。

不過，儘管目標都是「破億」，每個投資人的狀況卻是千差萬別。對於已經累積五千萬日圓資產的人來說，要資產翻倍以達到「破億」目標並不是那麼困難的事。

而對於現在才開始投資的人來說，達成「破億」是一個相當艱鉅的挑戰。話說回來，所謂的「億萬富豪」，包括我在內的投資人，最初都是從零開始的投資小白。

儘管我花了十幾年時間才達成「破億」目標，但如果我現在從零開始投資，我有信心最短只需一年，最多也不過兩三年就能「破億」。

這是因為我在過去二十多年裡，累積了相當豐富的股票投資經驗。

因此，我將介紹一些步驟，讓各位根據自己的情況，從提升投資素養開始，逐步靠股票投資達成「破億」的目標。

起步衝刺，領先對手

首先是針對投資新手的建議。即使你自認並非新手，仍建議你先別跳過。尤其是如果你投資多年卻賺不到錢，應該會發現我說中了許多你的問題。

要在股票投資中獲勝，一個重要的關鍵就是贏在起跑點。

雖然股票投資看上去是一個人獨自面對市場，但事實上，市場中的其他投資人全是你的「對手」。

那些參加投資研習會或網聚的股友，也都是你的競爭對手。當某個人賺到一億日圓時，背後可能就有包括你在內的一千名股友每人損失了十萬日圓。

因此，「起步衝刺」非常重要。即使起點相同，你也必須努力在起跑時超越對手。

那麼，在這關鍵的起步衝刺時該做什麼呢？首先是「集中學習」。

具體來說，請在接下來的三個月內讀完 30 本投資書籍。集中閱讀，不是拖拖拉拉的。

先讀 30 本書，也就是以一個月 10 本書的速度持續進行三個月。

我不推薦書名，請你去書店或上網挑選看起來不錯的書籍、逐一閱讀。當你閱讀完相當數量的書以後，你自然會知道「哪本書有用，哪本書沒用」，辨別出有價值和沒有價值的內容。

一開始，你可能會覺得每本書都很有價值，但隨著你逐漸了解哪些有用、哪些沒用後，就能挑出你真正需要的書籍，進而節省書籍費用和時間。

或者，你也可以觀看 YouTube 上的股票投資教學影片。

與閱讀相比，觀看影片能夠更高效地吸收知識，許多影片創作者也十分用心，製作出品質相當不錯的內容。

如果選擇觀看影片，可以將閱讀量減少到 20 本書，再以 1.5 倍速觀看 50 部影片，但期限仍須維持三個月。

順帶一提，我也在 YouTube 上為投資大眾，從初級到高級等不同程度都有，提供股票投資影片，想深入了解投資技術的人請務必觀看（在 YouTube 上搜索「上岡正明」）。

集中閱讀書籍或觀看 YouTube 影片的好處在於，你會發現其中的「共通語言」。例如：「原來這 20 本書都在說這件事啊！」、「YouTube 上的投資專家原來都用這個理論啊！」

你會找出共通模式和不變的原理原則，然後將它們內化為自己的知識。

此時，你已經領先其他人半步了。

體驗億萬富豪的「失敗經驗」

集中學習後，下一步是調整心態。

不怕各位誤會，我要大膽地說，很多號稱「投資家」的人，並沒有試圖透過投資來自我提升。如果你以年收一億日圓為目標，想透過股票投資來「破億」的話，務必下定決心、堅定意志地告訴自己：「我跟其他投資人不一樣，我要透過股票投資來不斷成長！」

具體來說，你應該將股票投資視為「事業」的一部分。許多人是將股票投資視為「副業」，只當作主業的附帶收入或是賺點零用錢罷了。

姑且不管別人的投資心態如何鬆散，只要你認真學習，努力透過投資賺錢並提升自己，你的成長速度就會大不相同。

我在書中將實現年收一億日圓的途徑分為以下三種：

1. 將薪資收入提高到極限（或是經營公司）＝勞動投資
2. 股票投資＝金融投資
3. 副業＝收入槓桿

不過，**①和②之間的關聯性非常高，幾乎可以視為一體**。

因為投資股票基本上就是投資企業，而選擇投資對象時，必須深入研究該企業的商業模式、業績和未來前景等。為了把握市場走勢，你還必須了解每日的經濟資訊、國際局勢和匯率變動等。

這種「研究」行為能明顯提升你的商務技能，讓你從宏觀到微觀全面掌握經濟知識。

而股票投資即使失敗，自己承擔損失就好，相對比較輕鬆。但在商務活動中，失敗會給自己、公司和周圍的人造成麻煩，因此要下工夫追究失敗原因，避免重蹈覆轍。

這種不斷經歷失敗、反省和改進的過程，其實對於股票投資十分重要。

世上有許多人像【圖 26】下方那樣，將「失敗」與「成功」視為截然不同的兩件事。比如說在投資股票時，認為「這次投資成功了」、「這次失敗了」，把成功與失敗當成兩個完全分開的結果。

這種人最終難以取得大成功。他們很容易受到社交媒體或 YouTube 上的廣告誘惑，誤以為只要參加某個宣稱能「每個月賺一百萬日圓」的研習會，就天真地以為：「我發大財的機會終於來了！」而投入巨額資金，到頭來賠得慘兮兮。

其實，成功與失敗的關係應該如【圖 26】上方所示，它們不是分岔的道路，而是同一條路上的過程，不斷經歷成功與失敗，才能在最終實現大成功。

那些被認為擁有強運的億萬富豪，也都經歷過多次失敗，但正是從這些失敗中學得教訓，最終才能抓住機會，獲得巨大的成功。

投資路上，如何克服多次出現的失敗非常關鍵，這些經驗將會成為你未來投資成功的基石。

二十多歲的年輕新手還好，如果年紀較大的人，可能無法

圖26　成功與失敗的概念

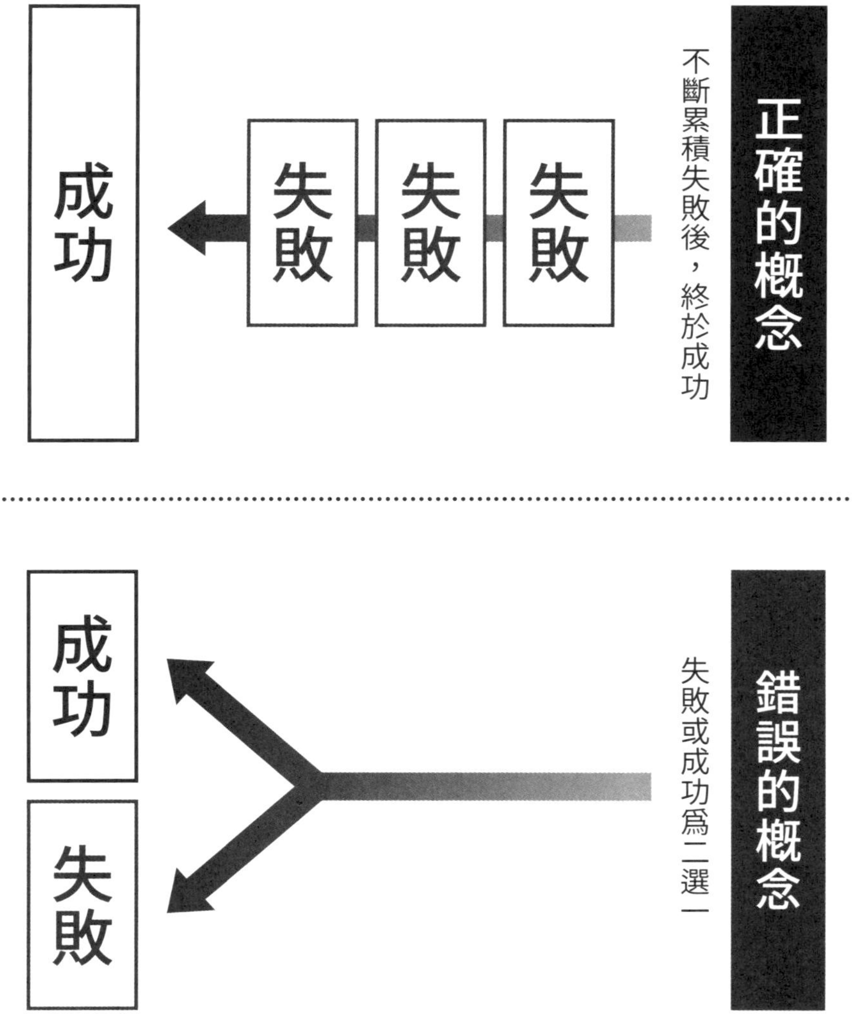

有那麼長的時間來積累失敗經驗吧。

因此，我推薦的方法是，好好關注知名億萬富豪的「失敗經驗」。

到書店的股票投資區，你可以找到很多關於富豪的書籍。以日本來說，《株探》這類提供股市投資資訊的網站上，也有專欄介紹知名投資客的投資歷程。你應該特別留意他們的「失敗」部分，深入閱讀。

這些億萬富豪過去經歷了哪些失敗、如何透過特定的心態和方法來克服失敗等，內容中往往隱藏著極大的啟示。

閱讀這些書籍，你不必親自經歷失敗，也能間接體驗到富豪們的失敗過程，並且「全盤吸收」他們歷經失敗後，最終掌握強運的成功過程。

確認自己在哪一個投資階段

透過起步衝刺、每天認真地面對投資，持續精進努力，你就能像**【圖 27】**所呈現的，一層一層往上排。

圖中 B 和 C 的分界線非常重要。C 是不論怎麼投資都無法賺錢的人，B 則是能以投資確實累積資產的人。最上層的 A，則是已經積累了數十億，甚至數百億日圓資產的超級億萬富豪。

以年收一億日圓為目標的人，最終應鎖定「A」位置。但這不是一蹴可及的目標，應先努力達成「B」，讓整體收益達到正數以上。日本社會長期的通貨緊縮逐漸結束，通貨膨脹即將崛起，如此一來，即使每年有 3%的收益，只要通膨率達到 4%，實際資產也會縮水，所以還必須考慮通膨率對投資回報的影響。

由於許多「投資永遠賺不到錢」、「老是在賠錢」的投資人，幾乎都無法擺脫 C 的位階，所以要先認知自己在投資階層中的位置，如同馬拉松比賽中，為了超前其他人，你必須先確認自己目前處於哪個群體中。

圖27　投資人階層結構

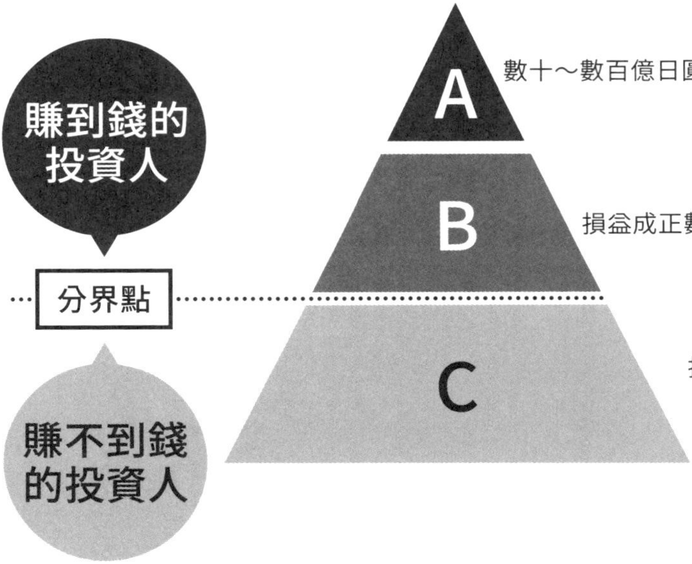
賺到錢的
投資人
分界點
賺不到錢
的投資人
A
數十～數百億日圓
B
損益成正數～1億日圓
C
損益呈負數
（沒賺錢）

確認你在
投資階層中的位置。
在C的人應先以
B為目標。

洞察行情波動的先機

接下來，我要具體地介紹如何獲得屬於自己的強運，達成「超速破億」的目標。這不僅對新手有用，也對中高級投資人相當有幫助。

首先，要以投資賺取可觀的收益，一大關鍵是「搭上行情波動」。行情有起有伏，從長遠來看，好的波動與壞的波動會交替出現。

針對投資新手，前面介紹過「趁暴跌時買入」的策略。這是一種最可靠且安全的獲利方式。只不過，大規模的市場暴跌並不會頻繁發生，一生中可能頂多遇到五次左右。

因此，希望增加機會的人，我建議學習「掌握行情波動」的方法。

股票市場是由「波動循環」驅動的。常見的行情循環包括「金融行情」、「業績行情」、「反金融行情」和「反業績行情」四個周期。簡單說明如下：

①金融行情

當企業的業績惡化時，政府或中央銀行會實施金融寬鬆政策，向市場注入資金。這些資金會流向企業的設備投資或股票市場。

結果，即使經濟尚未復甦，股價也會上漲，這就是「金融行情」。

②業績行情

接下來是「業績行情」。

隨著金融寬鬆政策的影響，企業業績開始恢復，市場活躍，股價也隨之上漲。但是，當「業績行情」過度擴大時，通膨開始出現，政府和中央銀行會為了穩定物價而實施金融緊縮政策。

③反金融行情

當政府或中央銀行實施金融緊縮政策，導致利率上升時，投資者的資金往往會從股票市場，轉向債券等其他資產，進而導致股價下跌，這種情況稱為「反金融行情」。

④反業績行情

隨著金融緊縮政策的持續，經濟和企業業績開始惡化，進一步導致股價下跌，這就是「反業績行情」。

以最近的例子來看，2020年春季以後，因新冠疫情爆發導致市場急劇惡化，隨後在各國央行實施前所未有的金融寬鬆政策下，市場出現上升，這一階段可以稱為「金融行情」。

之後，從2023年下半年開始，隨著金融緊縮政策的實施，市場進入「反金融行情」，股價開始下跌。股票市場一向遵循這四個循環階段，日本股市基本上也是按照這種循環行情運轉。

事實上，我自己也是搭上這些循環行情的「巨浪」，迅速增加資產，最終成為億萬富豪。

我第一次的成功是在2003年，由小泉純一郎內閣開啟的「小泉行情」；第二次則是在2012年，安倍晉三內閣成立後的大行情「安倍經濟學」時期。

股市中，除了之前提到的四個循環之外，還存在一些時間性的循環指標，例如八年周期、十年周期等。通常情況下，市場會經歷七至八年的上升期，隨後進入為期大約三年的下降期。

根據這些周期，無論是日本還是美國的股市，目前都處於即將進入下跌階段的時期。不僅如此，還可能伴隨經濟衰退（即「景氣倒退」）的暴跌。這樣的循環行情巨浪和暴跌，可說是近期最具潛力的投資良機。

美國股市暴跌後的資金流向？

最後，要來介紹如何利用市場的巨浪，加上信用交易來迅速增加資產。

前面提到市場的「巨浪」，而利用這道巨浪，進一步擴大資產的有效方法之一，就是進行信用交易【圖 28】。

基本上我認為，投資應該是先提高收入能力，再以現金資金進行操作。但這次的主題是針對「年收一億日圓」，以及透過股票投資達到「破億」目標，所以請以這個前提來閱讀。

利用槓桿可以讓投資人在短期內獲得巨大的收益。

圖28 信用交易的概念

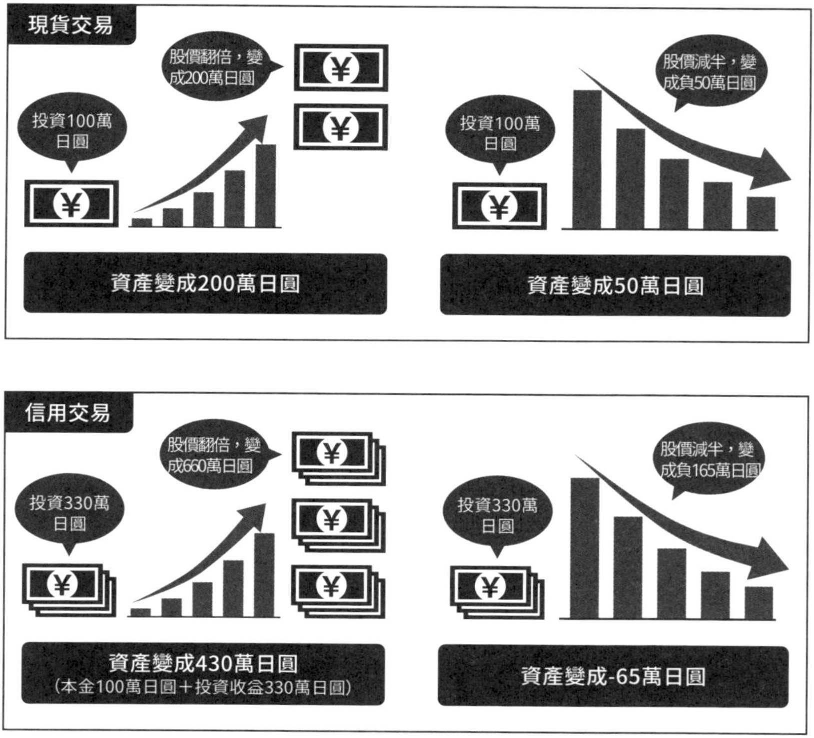
現貨交易
投資100萬日圓
股價翻倍，變成200萬日圓
資產變成200萬日圓
投資100萬日圓
股價減半，變成負50萬日圓
資產變成50萬日圓
信用交易
投資330萬日圓
股價翻倍，變成660萬日圓
資產變成430萬日圓
(本金100萬日圓＋投資收益330萬日圓)
投資330萬日圓
股價減半，變成負165萬日圓
資產變成-65萬日圓

信用交易是投資人以資金作爲擔保，向證券公司借錢或股票來投資的機制，
允許投資人以自有資金的3.3倍進行槓桿投資。
也就是說，如果你有100萬日圓的資金，最多可以投資到330萬日圓。
所以要是股票價格翻倍，你的資產將一口氣增至430萬日圓
(投資資金100萬日圓+收益330萬日圓)。
但是，如果股票價格減半，損失將達到165萬日圓，
資產會一口氣減少至負65萬日圓(投資資金100萬日圓－損失165萬日圓)。
實務上，在損失膨脹到如此程度之前，證券公司通常會強制平倉，
以避免更大的損失。

如此便能將投資額放大到自有資金的3.3倍。舉例來說，如果你有一百萬日圓的資金，即便你買中了上漲十倍的股票，你的資產也只會增加到一千萬日圓。但如果你用三百萬日圓買進同樣的股票，收益將增至三千萬日圓（其中槓桿部分的200萬日圓，則需歸還給借出股票的證券公司）。

對於想要實現億萬資產的投資人來說，必須在某個關鍵時刻進行「賭注」。

我在安倍經濟學時期做出的投資決策，為我開啟了通往六億日圓資產的道路。因此，在當前預見行情將走跌的情況下，果斷出手應是實現「破億」的捷徑。

憑藉「強運」贏得成功的人，無不經歷過這樣的「賭注」時刻。關鍵在於不犯錯誤，「選對時機」。

以信用交易來說，「時機的選擇占八成，股票的選擇僅占二成」。就這層意義來看，2024年相當重要，不但有美國總統大選，其他許多國家也都有領導人的選舉。

特別是到美國總統大選之前，拜登總統可能會透過政策手段來支撐股市和經濟。然而，問題在於選舉之後。屆時，可能會發生前面提到的暴跌，而這可能是一生中難得的投資大好機會。

美國股市的暴跌，某種程度上可能會對日本股市形成有利條件。

即使美國股市暴跌，機構投資者和對沖基金仍需尋找新的投資標的，以運用客戶的資金。

這種情況下，適合投資的標的可能不是中國或俄羅斯，而是日本股市。

或者，這些資金可能流向具有巨大潛力的印度股市。

但這些都是綜合考量下得出的「預測」而已。市場可能會因為不可預見的變數而出現意料之外的變動。因此，接下來我會更詳細地說明在此關鍵時刻的購買策略。

※ 按：

台灣的信用交易分為融資與融券。「融資」，簡單來說就是向券商借錢買股票，以買進的股票進行擔保抵押，使用總金額 40% 或 50% 的自備資金，就能買進整張股票。「融券」，則是投資人向券商借入股票後進行賣出，之後由市場買回股票再償券的放空交易。以上兩種方式都須先開通信用帳戶。

如果投資人選擇以「融資」買進上市股票，需要4成自備款，其餘6成可向券商融資買進，槓桿為2.5倍（100%/40%）。

以台積電（2330）為例，假設目前一股為900元，全資買進一張（1000股）需要新台幣90萬元，不計手續費、稅金和利息的話，投資人能以36萬元（90萬元*40%）買進一張台積電，剩下54萬元則向券商融資買進。

要是台積電10天後上漲至1100元，你得以110萬元賣出，獲利20萬元，投資報酬率22%（不含手續費、稅金和利息）。

不過，萬一股價並非上漲而是下跌，將導致股票市值不足，遭券商強制賣出來回收借款，融資前請務必謹慎評估交易風險。

散戶的最大敵人是誰？

當散戶想要搭上大行情的「巨浪」來大幅增加資產時，一般認為，比起順著趨勢進行投資（順勢交易），在趨勢轉折點買進（逆勢交易）更有可能獲得巨大的收益。也就是在股價接近底部時買入，隨後在股價反彈上升時，以盡可能的高價賣出。

關鍵就在於能否準確判斷股價的轉折點。

許多散戶會認為股價已經跌得夠多，正是買入的好時機，結果卻常常失敗。這是因為對沖基金等大型投資者會進一步賣空，進一步壓低股價。

他們透過做空來壓低股價，然後為了確保利潤，會暫時回補空頭頭寸。

這時股價會暫時止跌，但如果散戶誤以為股價已經觸底而大舉買入，那麼大型投資者會再次大量拋售，使股價進一步下跌。

之前提到「其他投資人都是對手」，**對散戶來說，最大且最強的敵人，就是海外的機構投資者，以及對沖基金等大型投資者。**

掌握他們的行動對於股票投資至關重要。否則，散戶可能會誤判股價的轉折點，結果不但無法增加資產，反而蒙受巨大的損失。

如果在這種情況下使用信用交易，下場會很慘。因為信用交易可以讓散戶的交易規模達到自有資金的 3.3 倍，損失也會放大至 3.3 倍。

因此，信用交易應該是在看準絕佳機會出手的「最後手段」。這就是為什麼我常告訴各位：「真正的絕佳時機，通常是在自認的『絕佳』時機之後出現。」

換句話說，不要急於出手，應該保留資金的餘裕，耐心等待最佳的進場時機。

「耐心等待」不用等上數十年，而是頂多一兩年。即使你錯過了股價的轉折點，只要後續股價上揚，你也可以順勢調整策略，跟隨趨勢進行「順勢交易」。

股價「下跌」的速度比「上漲」快。尤其是在下跌的最後階段，即所謂的「拋售高潮」（Selling climax），散戶會變得極度悲觀，大量賣出，造成股價暴跌。然而，大量拋售後，供需關係會好轉，此時買入股票仍能獲得相當的利潤。

我推薦的投資時機就是這個時候。也就是在你認為的「絕佳」時機來到時，再耐心等待一下，直到股價徹底下跌後開始回升的那一刻。

如果你想在短時間內大幅增加資產，這時可以考慮使用信用交易全力投資。

我會在自己的 YouTube 頻道和 X（前「推特」）等平台上，分享這些投資時機。陸續提供各種資訊，幫助各位及時抓住強運，實現年收一億日圓，甚至更高的目標。敬請期待。

附錄

日本的NISA新制

日本的 NISA 新制

關於 NISA 新制

關於股票投資如何賺錢、如何不賠錢的方法，前面已經做了詳盡的說明，如果你還沒開始投資股票，首先你必須邁出第一步，否則一切都是空談。強運不會自己找上門，請你先積極行動，抓住你的強運。

2024 年起，日本實施了 NISA 新制（按：只要年滿 18 歲，居住在日本國內、持有 My Number，任何人包括外國籍居民，皆可開設 NISA 帳戶）。對於打算投資股票，或者想提高年收的人來說，都是一項重要的制度。

我先說明何謂 NISA 新制。

NISA（Nippon individual savings account）即「少額投資非課稅制度」，是日本政府為了讓國民更加積極地累積資產而設立的一種課稅優惠制度。

通常在日本投資股票或基金獲得的利潤，皆需繳納大約20%的稅金，但透過 NISA 帳戶獲得的利潤是免稅的。

對於追求年收達到一億日圓的人來說，會有很大的不同。這也是我說 NISA 制度「不可忽視」的原因。無論是已經在投資股票或基金的人，還是準備開始投資的人，都不應錯過這個有利的 NISA 制度。

NISA 制度之所以大受關注，是因為 2024 年起，制度內容有了重大變革。

例如，從前非課稅（免稅）的投資期間是有限的，但 NISA 新制實施後，這一期間變為「無期限」。

限定非課稅期間的話，一旦期限逼近，即便你在不久的將來能有更多獲利，也不得不在到期前賣掉股票，因為過了該期限，你的獲利就要被課稅。但 NISA 新制沒有這層顧慮。

即使你持續投資二、三十年這麼長的時間且獲利，只要在限定額度內，永遠不必為投資獲利而繳稅。

此外，NISA 新制也將非課稅投資限額大幅提高至 1800 萬日圓。即使你花二十年將 1800 萬日圓變成一億日圓，這 8200 萬日圓的收益也是免稅的。

如果不利用 NISA 新制，這部分收益將被課稅 1640 萬日圓，豈不昏倒？！

五十歲開始投資也不遲

NISA 制度是一個提供投資人可長期逐步累積資產的制度，而且年滿十八歲就能開設帳戶開始投資。所以如果你是二十多歲的年輕人，建議你趕快開設 NISA 帳戶，開始長期投資。

趁年輕時定期少額投資，就能利用之前介紹過的複利效果，等到退休時要累積出一億日圓的資產並不難。

而且前面我也說過，透過長期投資可以做好「時間的分散」，大大降低投資風險。那麼，如果已經四、五十歲就沒能享受這個好處了嗎？並不是。

圖29　定期定額投資10年，資產增至3200萬日圓

(萬日圓)

- 金額的遞增
- 運用收益（2010.7萬日圓）
- 本金（1200.0萬日圓）

年度	累計（萬円）	運用收益	本金
開始	0	—	—
第1年	130.1	10.1	120.0
第2年	284.9	44.9	240.0
第3年	469.1	109.1	360.0
第4年	688.2	208.2	480.0
第5年	948.9	348.9	600.0
第6年	1,259.0	539.0	720.0
第7年	1,628.0	788.0	840.0
第8年	2,067.0	1,107.0	960.0
第9年	2,589.3	1,509.3	1,080.0
第10年	3,210.7	2,010.7	1,200.0

即便五十歲才開始，到了六十歲也能累積到3200萬日圓！

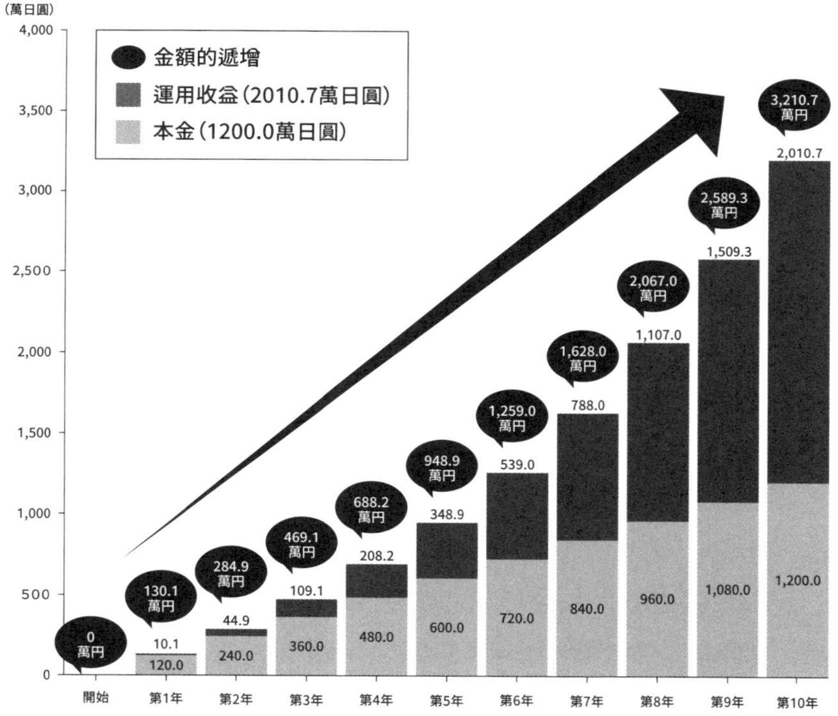

假設你投資年利率為5%的信託基金，並運用複利效果每個月定期定額投入十萬日圓，那麼根據【圖 29】的模擬數據顯示，十年後資金可以增長到3200萬日圓（假設投資eMAXIS Slim的全球股票基金，年報酬率為17.5%。2024年1月15日的資料）。

照這個方法，假設五十歲才開始定期定額投資，到六十歲時，你的NISA帳戶就能累積超過3200萬日圓的資產，而且獲利部分完全免稅。

NISA新制對於還沒進行資產運用的人來說，是一個開始投資的大好機會。

NISA 新制的兩種投資額度

我再進一步說明NISA新制的兩種投資額度。

如【圖 30】所示，NISA新制有兩種投資額度。

一種是只能購買某些特定信託基金的「累積型投資額度」，以及除了基金，也能購買個別股票的「成長型投資額度」。

圖30 NISA新制概要

2024年開始實施的NISA新制內容

對象	住在日本且年滿18歲的人 （開設帳戶年度的1月1日起）	
帳戶開設期間	隨時皆可	
非課稅時間	無限制	
制度之併用	可併用NISA制度的2種投資額度 累積型投資額度	成長型投資額度
投資對象商品	適用定期定額、分散投資的特定基金	上市股票、基金等 （不包括高槓桿型及按月配息型等基金）
購買方法	限定期定額	單筆購買、定期定額投資
每年投資額度	120萬日圓	240萬日圓
非課稅限定額度	與2023年前的NISA舊制不同 1800萬日圓（終身投資限額） ※售出後，不足的投資額度可於翌年再次使用	1200萬日圓（內含）
可出售時間	隨時皆可	

「累積型投資額度」一如其名，是針對「累積型投資」所設定的額度，對象商品為適合定期定額或分散投資的特定基金。

限額為每年 120 萬日圓，終身投資額度為 1800 萬日圓。如果每月定期定額投資十萬日圓（10 萬 ×12 ＝ 120 萬日圓），並且每年持續這樣的投資模式，會在十五年內用完這個投資額度。

NISA 新制的投資額度還有一個特點，即便今年投資了 120 萬日圓，並在今年內賣掉這 120 萬日圓及其收益，明年起依然可以重新利用這個額度。這項機制是 2023 年前 NISA 舊制所沒有的。

換句話說，透過這個額度的「再利用」，其實可以投資超過 1800 萬日圓以上的資金。

因此，這個「累積型投資額度」非常適合長期且定期定額地積累資產，前面我也提過，特別是對於年輕且資金有限的投資人來說，可以採取小額投資的方式持續投資下去，十分推薦。

長期運用有許多優點。

要透過股票或信託基金獲利，基本原則是「低買高賣」。

但投資經驗不足的人經常在價格高時買入，價格下降時慌

圖31　日本股市與美國股市的走勢(近10年)

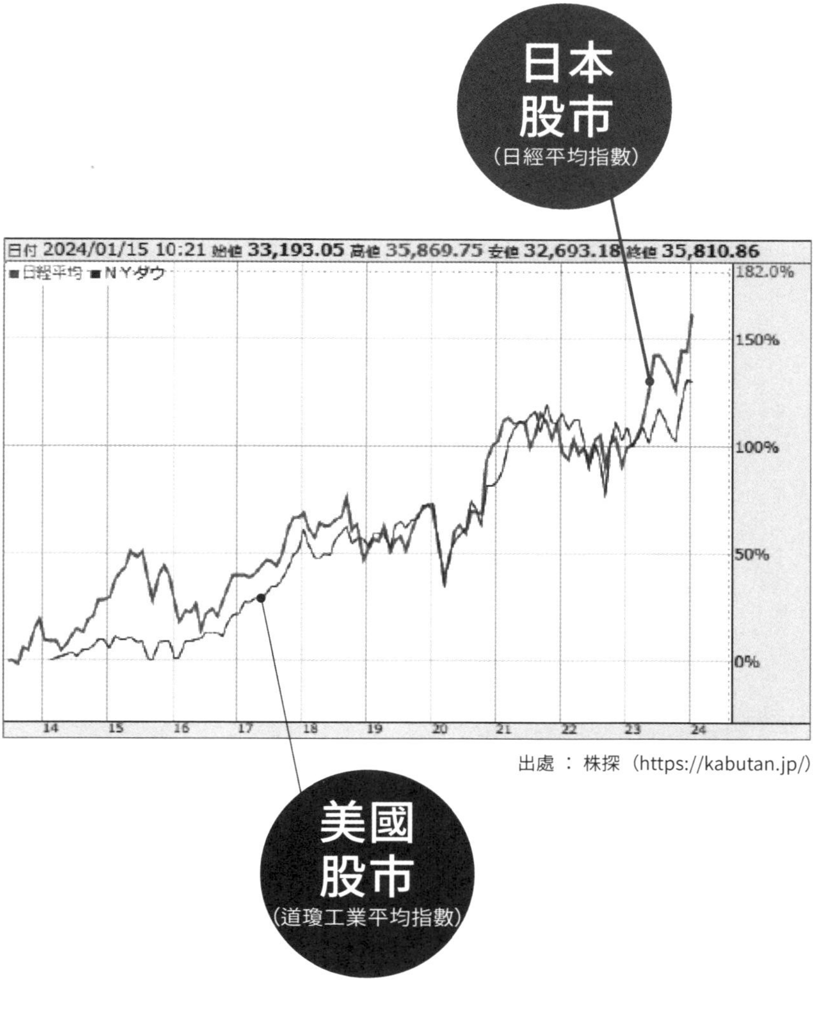

出處：株探（https://kabutan.jp/）

忙賣出，結果反而虧大了。

即使是這樣的股票小白，只要每個月機械性地定期定額投資，長期來看也能獲利，過去的許多實績都可佐證這點。

例如，美國股市自 1987 年「黑色星期一」暴跌後，近半個世紀以來持續走揚。日經平均指數在泡沫經濟破滅後雖曾大幅下跌，但隨後基本上是呈現上升趨勢**【圖 31】**。

換句話說，只要購買與日美股價指數掛鉤的信託基金，價格就會自動上漲（這是過去的例子，未來情況則無法預測）。

而且，如**【圖 32】**所示，使用「定期定額投資法」可以在長期投資中降低風險，並增加累積利潤的機率。

定期定額投資法，是每次購買相同金額的金融商品，而非一次性大量購買。每個月以相同金額購買時，價格低時可以多買一些，價格高時則少買一些。也就是說，你不需要在高價時花大錢買進。

持續進行這種操作，從長期來看，相較於一次性大量購買，使用定期定額投資法的話，付出同樣金額能購買的商品數量更多，平均購買價格也會降低。

圖32 定期定額投資法

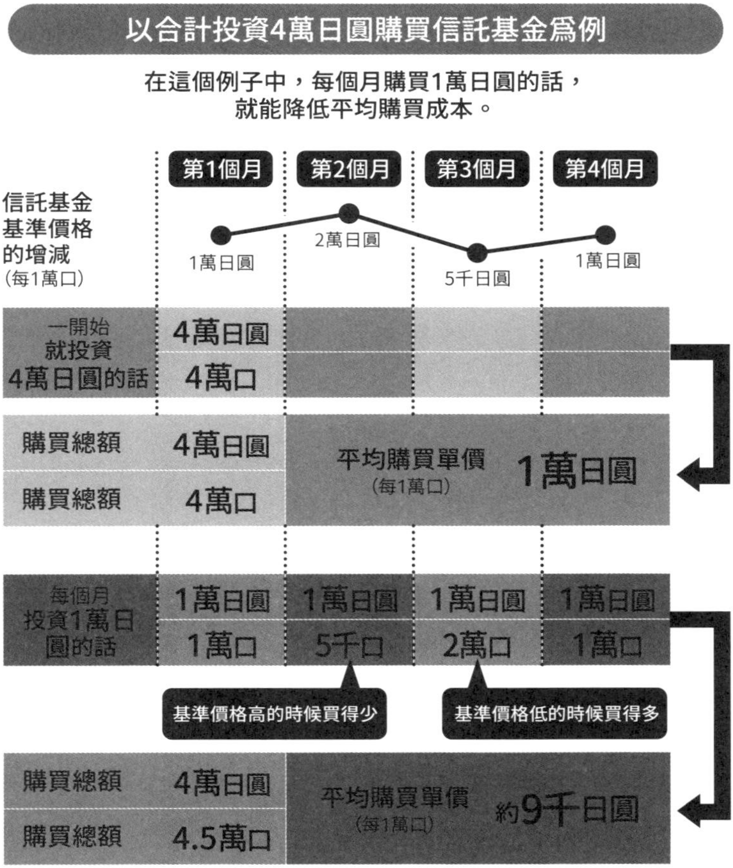

「每隔一定時間，購買相同金額」的投資方法，
就是**「定期定額投資法」**，又稱**「平均成本法」**。
價格高時買得少，價格低時買得多，
因此能將購買價格平均化。

出處：根據日本金融廳的《開始吧！NISA快速參考手冊》(はじめてみよう！NISA早わかりガイドブック)改寫而成。

可分散投資的投資信託（基金）

接下來，介紹 NISA 新制中不可或缺的投資信託。

投資信託又稱為「基金」，簡單來說，就是將股票、債券等各種金融商品集合在一起打包出售的商品。

如果是個別股票，比如我要購買豐田汽車（7203）的股票，買 100 股大約要花三十萬日圓（2024 年 1 月 15 日的股價）。

這種情況，就是我自己出資購買豐田的股票。至於為什麼是 100 股而不是 1 股呢？因為這是日本股票的基本交易單位（最近也有所謂的零股交易，可以從一股買起）。

另一方面，如果是投資信託，則是將投資人的資金匯集起來，交由專業的基金經理人經營。經營所產生的收益會根據投資人投資的金額進行分配。

投資信託可以從一萬日圓開始購買，定期定額的話，有些可以從一百日圓買起。

此外，由於投資信託會將資金投資於股票和債券等多種資產中，因此購買投資信託本身，就能自動實現分散投資。

個別投資人如果想自己實現多樣化的投資，會需要大量的資金，但投資信託透過集結許多投資人的資金，形成一應大資金池來經營，因此可以達到小額投資並且分散投資的效果。

成長型投資額度

接下來說明 NISA 新制的「成長型投資額度」。

「成長型投資額度」的商品限制較少，除了投資信託和 ETF（指數股票型基金）外，還可以購買個別股票（上市股票）和不動產投資信託（REIT）等。

利用成長型投資額度，每年可投資的限額為 240 萬日圓，是「累積型投資額度」的兩倍。不過，成長型投資額度的終身投資限額為 1200 萬日圓。如果每年都投資到達限額 240 萬日圓，五年內就會用完終身投資限額。這與「累積型投資額度」一樣，都可以再次利用。

「成長型投資額度」適合希望在較短時間內獲得較大收益的人。因此，為了達到年收一億日圓，最終我會建議使用成長型投資額度，投資個別股票等預期回報較高的商品。

但是，對投資小白來說，我建議先從風險較低的商品，如投資信託開始，積累經驗後再利用成長型投資額度來購買個別股票。

或者，可以將一半的資金用「累積型投資額度」來長期定期定額投資，目的是準備退休金，而另一半或部分資金則用「成長型投資額度」來追求更高的回報。

此外，股票的收益除了靠價差賺取的資本利得外，還有來自股息等的營利所得。

資本利得是指在股價預期上漲時低價購買並高價賣出所獲得的收益。股價上漲因素與企業的業績有關，因此買賣需要一定的知識和經驗。

另一方面，營利所得則不受股價漲跌的影響，企業會將一定金額分配給股東，因此不太需要擔心股價的波動。

一般而言，如果想獲得更大的收益，靠資本利得賺錢更有效率，但相對風險也較高，有可能會出現損失。而透過營利所得來獲得收益，尤其是那些高股息的「高配息股」，或是計畫增加股息的「增配股」，對提高股利收益也很有效。

不必緊抱「累積型投資額度」

關於NISA新制，日本金融廳已經篩選了投資信託的商品，排除掉高風險、高回報的商品，所以即便是投資小白，也能相對安心地進行資產運用。從「累積型投資額度」的限額，以及非課稅投資期間長的角度來看，日本正在鼓勵國民進行長期的定期定額投資。

就這層意義而言，用「累積型投資額度」，來進行長期分散、定期定額的投資，算是一種相對低風險低回報的投資。

但本書的目的，是獲得強運並達成年收一億日圓目標。如果按照**【圖 32】**的計算公式，來定期定額投資，資產達到一億日圓需要十六年，而且這一億日圓是累積出來的資產，並不是年收。

真的要達到年收一億日圓，最終需要利用成長型投資額度來投資個股，透過獲得免稅的資本利得來實現目標。

「最終」的意思是，如前所述，投資小白很難立即透過股票投資來獲得巨大的資本利得。應該說是根本不可能吧。

因此，需要先透過「累積型投資額度」來穩健地進行定期定額投資，熟悉資產運用方式。

了解如何產生利潤、如何選擇商品以後，再逐步挑戰成長型投資額度中的個股投資。

在經歷包括失敗在內的許多經驗後，最終就能成為光靠股票投資每年賺進數千萬日圓的高手。

抓住暴跌良機，保守投資先放一邊

如果採用針對暴跌市場的投資方法，投資個股未必是高風險。

比方說，2020 年在新冠疫情衝擊下，日經平均股價跌至大約 1 萬 6 千日圓時，有些人開始伺機投資股票，這些人在隨後的疫情市場中獲得巨大的收益。

我也一樣。從 2020 年 IT 泡沫破滅時開始股票投資，隨後在小泉經濟泡沫中將二百萬日圓的本金增加到一千萬日圓，為我之後的股票投資打了一劑強心針。

然後在安倍經濟學的助攻下，股票投資資產增加到超過一億日圓。

當市場大幅下跌時，機會也就越大。如果只限使用定期定額投資，會錯過這些難得的機會。

面對大暴跌的絕佳良機時，不用去管「平均成本法」或是「雪球產品（受歡迎的投資信託）」，抓住眼前的強運就是通往成功之路。

NISA 新制雖適合長期分散定期定額投資，但也有「成長型投資額度」這個選項供股民投資個股，因此不必客氣，就用它來投資個股吧！

而且，這種操作並不是將低風險低回報的投資改成高風險高回報的投資，而是一種針對暴跌時及時逢低買進的中風險中回報投資策略。

【作者簡介】

上岡正明（KAMIOKA MASAAKI）

擁有 MBA 學位的大腦科學家、賺進六億日圓的專業投資人、「大腦」與「投資」專家、株式會社 FRONTIER CONSULTING 董事長、節目企畫、編劇、研究所 MBA 學程（工商管理碩士）畢業、多摩大學客座講師（2018 ～ 2019 年）、一般社團法人日本認知大腦科學協會理事。

主要爲上市企業和外資企業等超過 1000 家公司提供廣告公關活動支援、新事業建構、外資企業的日本國內外宣傳及海外推廣活動的諮詢服務等，也爲瑞典大使館、杜拜政府觀光局等機構舉辦國際觀光宣傳活動。

此外，也是一位人氣網紅，頻道訂閱數超過 24 萬人（2024 年 1 月止）。著有《致富贏家只做「這件事」：股市小白成爲億萬富豪的超強鐵則》等。

譯者／林美琪

國家圖書館出版品預行編目(CIP)資料

有錢人必備的強運腦／上岡正明著 ; 林美琪譯. -- 初版. --
新北市 : 幸福文化出版社出版 : 遠足文化事業股份有限公司
發行, 2025.04
面 ; 公分. --(富能量 ; 122)
譯自 : MBA保有の脳科学者が教える年収1億円の人になる「強
運脳」
ISBN 978-626-7532-75-1(平裝)

1.CST: 財富 2.CST: 理財 3.CST: 投資 4.CST: 成功法

563　　113019606

0HDC0122

有錢人必備的強運腦

MBA保有の脳科学者が教える年收1億円の人になる「強運脳」

作者 / 上岡正明
譯者 / 林美琪

責任編輯 / 高佩琳　**封面設計** / FE設計　**內頁排版** / 鏍絲釘　**圖版、插畫** / 岩下梨花、高野真衣

總 編 輯：林麗文
副總編輯：賴秉薇、蕭歆儀
主　　編：林宥彤、高佩琳
執行編輯：林靜莉
行銷總監：祝子慧
行銷企劃：林彥伶

出　　版：幸福文化 / 遠足文化事業股份有限公司
地　　址：231新北市新店區民權路108-3號8樓
粉 絲 團：https://www.facebook.com/happinessnbooks/
電　　話：（02）2218-1417
傳　　真：（02）2218-8057

發　　行：遠足文化事業股份有限公司
地　　址：231新北市新店區民權路108-2號9樓
電　　話：（02）2218-1417
傳　　真：（02）2218-1142
電　　郵：service@bookrep.com.tw

郵撥帳號：19504465
客服電話：0800-221-029
網　　址：www.bookrep.com.tw

法律顧問：華洋法律事務所 蘇文生律師
印　　製：呈靖彩藝有限公司

初版一刷：西元2025年4月
定　　價：430元

ISBN：978-626-7532-75-1（平裝）
ISBN：978-626-7532-80-5（EPUB）
ISBN：978-626-7532-79-9（PDF）